Herausgeberin:
DR. MARIA VITTORIA STILLER

COMMEDIA & ARTE

· VERLAG BERND MAYER ·

ÜBER DAS BUCH

„Erinnerst Du Dich noch an die roten Hefte, die in jener Nacht, als Du den Zug versäumtest, aus meiner Tasche hervorlugten? Es waren die Tagebücher meiner Liebe zu Tonuti ..."

Diese ‚roten Hefte' enthalten Erinnerungen Pasolinis an seine ersten 25 Lebensjahre. Sie entstanden zwischen Juni 1946 und Dezember 1947 in Casarsa, einem friaulischen Dorf nahe der jugoslawischen Grenze.

Auszüge aus diesen Tagebüchern fügt Nico Naldini, ein Cousin Pasolinis, der ebenfalls in Casarsa lebte, und den eine herzliche Freundschaft mit Pasolini verband, in seine eigenen Erinnerungen ein.

Seien es die familiären Verhältnisse, das Spiel der badenden Dorfjungen, Kriegswirren, die Beschäftigung mit (friaulischer) Poesie oder die geistig-religiöse Haltung Pasolinis: seine Liebessehnsucht, erste sexuelle Erfahrungen, ‚Eros und Schmerz' beherrschen Pasolinis Leben.

1949, als seine Homosexualität offenkundig wird, muß er seine Lehrtätigkeit aufgeben, wird aus der KPI ausgeschlossen und ‚flüchtet' mit seiner Mutter nach Rom.

Eine Erzählung Naldinis mit dem Titel ‚Pasolinis Grab' und ein Interview mit Andrea Zanzotto über Naldini, Pasolini und die „Academiuta de lenga furlana" runden diese Auto-/Biographie ab.

Nico Naldini

In den Feldern Friauls

Die Jugend Pasolinis

Übersetzt von Maria Fehringer
und Hermann Seidl

CIP-Kurztitelaufnahme der Deutschen Bibliothek

Naldini, Nico:
In den Feldern Friauls : d. Jugend Pasolinis /
Nico Naldini. Übers. von Maria Fehringer u.
Hermann Seidl. Hrsg. von Vittoria Stiller. -
Stuttgart : ComMedia und Arte Verlag Bernd Mayer, 1987.

Einheitssacht.: Nei campi di Friuli <dt.> ISBN 3-924244-07-3

1. Auflage 1987
Copyright © by ComMedia & Arte Verlag Bernd Mayer, Stuttgart 1987
Für die italienische Originalausgabe: © Nico Naldini
Titel: Il sarto della stradalunga
Alle deutschen Rechte vorbehalten
Gesetzt aus der Garamond von VMM, Emmendingen
Druck: Schwabenverlag AG, Ostfildern 1
Bindung: Buchbinderei Held, Rottenburg
Umschlaggestaltung: Werner Rüb
ISBN: 3-924244-07-3

Einführung

Im Jahre 1973 fragte mich ein Verleger, der mein Interview mit Pasolini über die Kindheit gelesen hatte, ob ich eine ausführliche Biographie in Form eines Interviews schreiben wolle.

Ich sprach mit Pier Paolo, und er meinte, wir sollten dieses Buch in Dialogform machen. Ich müsse mich aber gedulden, denn er stecke mitten in den Vorbereitungen zu dem Film „I racconti di Canterbury" („Pasolinis tolldreiste Geschichten"). In den Mußestunden könnten wir dann am Buch arbeiten.

Tatsächlich fingen wir an einem Sonntag an, als die Schneideateliers verwaist waren. Wäre es nach ihm gegangen, hätte er auch sonntags gearbeitet, doch die Techniker kamen nicht, und so mußte er bis Montag warten. Mir fällt ein, daß er mir als erstes von der Entdeckung der „teta veleta" erzählt hat, dieser magischen Losung, die ihm das Geheimnis erotischer Freuden enthüllt hatte. Eine heftige sinnliche Empfindung, wie es in dem von Naldini eingebrachten Tagebuch heißt, „das Gefühl des Unerreichbaren, der Fleischeslust, eine Empfindung, für die es noch keinen Namen gab. Ich erfand damals einen, es war ‚teta veleta'."

Von da an sollte unser Zwiegespräch beginnen, aus diesem Keim von Verwirrung und Verzauberung zugleich, vom Körper den Augen durch das Erfinden zweier kindlicher und geheimnisvoller Worte offenbart. Ein Ablauf, der ihm dann vertraut wurde: vom Bild zu den Sinnen, von den Sinnen zum Wort, vom Wort zum Gefühl.

Dann jedoch ging unser Projekt unter in der Raserei eines von Tag zu Tag ungestümer und fiebriger werdenden Arbeitstempos. Pier Paolo fand nicht einmal mehr Zeit zum Schlafen. Und doch schlief er so gern, er brauchte den Schlaf mehr als die Mahlzeiten. Ich erinnere mich an die frühen Morgenstunden, als ich ihn in einem benachbarten Hotelzimmer während unserer afrikanischen Reisen wecken ging. Ich mußte lange klopfen, bis er antwortete. Dann hörte ich ihn an die Tür kommen, er tastete sich an den Wänden entlang, und da stand er, mit angeschwollenem, ergebenem Gesicht, die Augen geblendet. Hinter ihm öffnete sich das beruhigende und glückliche Dunkel eines fruchtbaren mütterlichen Schoßes. „Jeden Morgen ist es, wie neu geboren zu werden", sagte er und lächelte sanft, nie zornig darüber, daß ich ihn in die Härte des Morgenlichtes zurückbrachte.

Ein anderes Mal, wieder reisten wir zusammen, ich glaube, es war in Arabien, fing er an, mir von seinem Vater zu erzählen. Und ich spürte, daß die Kälte, mit der er an ihn dachte, nicht einmal ihn zufriedenstellte. Es war eine nicht abgeschlossene Reflexion, die ihn an jenem Haß leiden ließ, der sie zeitlebens mit seinem ödipalen Verlauf trennte, nur allzu simpel und voraussehbar.

Dann kam der Sommer, und ich dachte, wir könnten die Arbeit an der geplanten Biographie wieder aufnehmen.

8

Aber gerade mit der eintretenden Hitze fragte mich Pasolini, ob ich mit ihm zusammen das Drehbuch des neuen Films „Il fiore delle mille e una notte" („Erotische Geschichten aus 1001 Nacht") schreiben wolle. Es eilte wirklich sehr, das ganze Manuskript sollte innerhalb von vierzehn Tagen fertig sein.

So machten wir uns daran, vom frühen Morgen bis in die späte Nacht wie besessen zu arbeiten und unterbrachen nur zum Essen. Wie hätte ich ihm da Zeit für eine Biographie stehlen können?

Als er dann „Il fiore delle mille e una notte" abgedreht hatte, begann er sofort mit dem nächsten: „Salò" („Die 120 Tage von Sodom"). Und wieder einmal bat er um Geduld, bald schon werde er mehr Zeit haben. Doch dies war sein letzter Film, und dann war er tot, auf jene aufsehenerregende und unerwartete Weise verstorben, die mich noch immer beschäftigt.

Oft schon war er dem Tode nahe gewesen, z. B. auf nächtlichen Streifzügen. Ich erinnere mich, daß er mindestens dreimal von der Polizei ins Hotel gebracht worden war, in brutalen Städten wie Lagos und Abidjan. Allein hatte er sich in Zonen vorgewagt, die für Weiße so gefährlich waren, daß auch die Wächter ihn nicht vor Messerstichen schützen konnten.

Ein anderes Mal lag er lang ausgestreckt in einer Blutlache in einem Restaurant des römischen Ghettos. Ich schloß ihn in die Arme, und er kam wieder zu sich. Er spuckte noch Blut und befleckte mir Kleid und Arme, dann wurde er von neuem ohnmächtig. Dies wiederholte sich dreimal. In klaren Momenten sprach er zu mir: „Halt mich fest, verlaß mich nicht!" Und ich merkte, daß er das Kind spielte und mir die Mutterrolle antrug. Wie viele Frauen brachte ich es nicht fertig, diese abzulehnen. Nie habe ich so sehr wie in diesem Augenblick gespürt, daß sein Verhältnis zu Frauen durchdrungen war von einem leidenschaftlichen, krankhaften Verlangen nach Mütterlichkeit.

So erschien es mir, als er starb, logisch, daß er nach einer Weile ins Leben zurückkehren werde, wie ich es vorher verschiedentlich erlebt hatte. Und so, wie es jeden Morgen geschah, wenn er aus diesem pechschwarzen, amniotischen Schlummer auferstand.

Heute läßt mich dieses kleine Buch von Nico Naldini erkennen, daß der beste Biograph wohl derjenige ist, der die Zeit des Heranwachsens mit dem Künstler verbracht hat. Der ihm so nahe gestanden ist, daß er sich mit ihm vermischt hat, ihn geliebt und nachgeahmt hat. Der mit unsicheren Füßen über die von einem reiferen und sicheren Fuß hinterlassenen Spuren gegangen ist.

Erst beim Lesen dieses so wunderschönen Büchleins habe ich begriffen, wie der ferne Cousin Nico (er wohnte in Mailand, und man sah sich selten in Rom) Pasolini ähnelte und wie sehr er seine Gesten, seine literarische Anmut übernommen hat.

Als ich Naldini kennenlernte, kam er mir wie ein reizbarer Bär vor, der über eine Plumpheit der Freunde bloß höhnisch lachen konnte. Er war so wenig mitteilsam, daß man in seiner Nähe einige Mühe hatte, das Schweigen zu brechen.

Übrigens war auch Pasolini schweigsam; eine seiner Eigenheiten war das vollkommen stumme Lachen. Wenn man ihm nicht ins Gesicht sah, merkte man nicht, daß er lachte. Aber das Schweigen von Pier Paolo kannte ich, es war ein wohlwollendes Schweigen. Naldinis Schweigen erschien mir ablehnend. Doch beim Durchlesen des Buches finde ich es nun wahrscheinlicher, daß es nur ein schüchternes Schweigen war.

Die Erzählung, in der sich die Fäden persönlicher Erinnerungen und aus dem Tagebuch des Cousins übertragener Gedanken verschlingen, ist wohl etwas vom Schönsten, was ich in den letzten Jahren gelesen habe. Naldini ist es gelungen, von sich zu reden, ohne seinen Cousin in den Schatten zu stellen, die Geheimnisse der Kindheit und Jugendzeit zu enthüllen, ohne daraus ein Thema für rührselige Elegien zu machen. Er hat es verstanden, den von Pasolini in der katholischen Moralisten-Provinz ausgelösten Skandal mit der schmerzlichen und ironischen Behutsamkeit des Beteiligten zu schildern.

Dacia Maraini

Zwischen dem einen und
dem anderen Zwist widme
ich dieses Büchlein
Laura Betti.

ICH HATTE ZWEI FREUNDE

für Comisso, für Pasolini

Ich hatte zwei Freunde
die nun tot sind.
Der eine, der gestorben ist,
hat mir gesagt:
Zerbrich dir nicht den Kopf
über die Lebenden,
nur das Genießen zählt.

Der andere, der gestorben ist,
hat mir gesagt:
Wie oft hast du befürchtet,
ich würde sterben,
jetzt mußt du leben
mit dieser Angst.

Der erste war reich
an Quellen,
an Sommern und Flüssen,

an Jungen, die sich entkleideten,
engelsgleich.

Der andere war arm,
hart zu sich selbst,
immer rastlos,
ohne Liebe,
er konnte nicht genießen,
er lebte einen Traum von Mörderjungen.

Sagt mir nichts mehr,
ich will nichts mehr hören von seiner Mühe,
auch jetzt nicht,
wo er tot ist.

Wir waren Jungen,
unter den Aprilwolken,
und der Regen war wie ein Gesang,
jetzt müssen wir allein sein.

Der andere Freund irrt herum,
manchmal träumt er,
noch am Leben zu sein,
manchmal ist er noch am Leben,
im besseren Teil von mir.

UND IN DER ERINNERUNG
BLIEB MIR DAS LICHT*

1   Am Ende jeden Schuljahres kamen die Pasolinis, unsere Cousins, nach Casarsa am rechten Ufer des
Tagliamento, um im heimatlichen Dorf unserer Mütter die
Ferien zu verbringen; ihre Ankunft folgte wie selbstver-
ständlich auf den Sommerbeginn. Jedes Jahr holten wir sie
vom Bahnhof ab. Unter dem Berg von Koffern, der aus dem
Zug ausgeladen wurde, befand sich immer ein bestimmtes
Paket, das ich nicht anzublicken wagte, weil ich wußte, daß
es meine Geschenke enthielt. Dann wurde das neue, blitz-
blanke Dreigangrad aus Leichtmetall heruntergereicht, ein
Geschenk, das Pier Paolo zum Schulschluß erhalten hatte. Er
war ein ausgezeichneter Schüler, eine seiner Lateinarbeiten
war in allen Klassen als Beispiel für die perfekte Übertragung
des Konjunktivs herumgereicht worden. Im Zeugnis hatte er
nur Einser und Zweier.

Tante Susanna umarmte und küßte uns – mich und
meine Schwestern – sehr vorsichtig, um sich nicht die
Schminke zu verwischen. Guido hingegen, der jüngere ihrer
beiden Söhne, überflog mit einem Blick die Anwesenden, um
seine Freunde auszumachen, denen er sofort das mitge-

17

brachte Rüstzeug für den Sommer zeigen wollte: ein Luftdruckgewehr, Angelruten, Rollschuhe. Meine Geschenke waren in dem schon bezeichneten Paket; Jahr für Jahr bescherte es mir neuen Reichtum an Schuhen, Büchern und Kleidung, für die meine um ein paar Jahre ältere Cousins keine Verwendung mehr hatten.

2   Die Pasolinis kamen aus verschiedenen Orten, je nachdem, wo ihr Vater, von Beruf Offizier, gerade stationiert war. In den ersten Jahren, als sie noch klein waren, kamen sie aus Belluno, Sacile, Conegliano, Idria, Cremona. Zuletzt aus Bologna, wo sie für einige Jahre ihren Wohnsitz hatten. Wenn auch für Pier Paolo eine der Folgen dieses stetigen Wechsels von Städten, Wohnungen, Schulen und Parks die Schwierigkeit war, sich an verschiedene Umgebungen anpassen zu müssen, so entstand dadurch aber auch eine Reihe von Erinnerungsnischen, die dem kindlichen Gedächtnis bei der späteren zeitlichen Zuordnung des Traumas zu Hilfe kamen. Pier Paolo sprach oft von diesen Erinnerungen, aber ihre erste und detaillierte Beschreibung findet sich in einem nicht publizierten Tagebuch, das er mit fünfundzwanzig geschrieben hat. Aus diesem Tagebuch gebe ich hier einige Seiten wieder, die zwei Ereignisse betreffen: eines aus Belluno, als er drei Jahre alt war, das andere aus Conegliano, zwei Jahre danach. Als Pier Paolo diese Erinnerungen zu Papier brachte – es handelt sich um eine erste, flüchtige Niederschrift –, hatte er vor, sich einige Abschnitte des Weges, der ihn „dorthin", also zu seinen ersten homosexuellen Erfahrungen, gebracht hat, noch einmal zu vergegenwärtigen. Diese ließen keine Zweifel an ihrer schicksalhaften

Bedeutung und ebensowenig an dem Gefühl von Schuldhaftigkeit, das bedingt war durch jenes zerstörerische Feuer der Reinheit und den Eintritt in eine Welt ohne Recht und Gnade. Diese Welt war aber auch der Garten von Alcina, der Ort der Metamorphosen, wo sein obsessiver Traum vom Eros wunderbar konkrete Formen annahm und wo diese konkreten Formen sich wieder in Träume verwandelten. Träume im Herzen eines Jungen, der bis zu seinem einundzwanzigsten Lebensjahr unberührt geblieben war.

Es geschah in Belluno, ich war kaum mehr als drei Jahre alt. An den Jungen, die in dem Park vor unserem Haus spielten, beeindruckten mich vor allem die Beine, genauer gesagt, die Kniekehlen, wo sich im Laufen die Sehnen elegant und kraftvoll spannten. Ich sah in diesen gespannten Sehnen das Symbol eines Lebens, zu dem ich noch keinen Zutritt hatte: in jenem Sehnenspiel der laufenden Jungen verkörperte sich für mich das Erwachsensein. Heute weiß ich, daß es eine durch und durch sinnliche Empfindung war. Wenn ich sie mir vergegenwärtige, fühle ich ganz deutlich, wie sich im Bauch dieses flaue, zärtliche Gefühl ausbreitet, eine Mischung aus unbestimmter Traurigkeit und Heftigkeit der Begierde. Es war die Empfindung von etwas Unerreichbarem, von Fleischeslust, eine Empfindung, für die es noch keinen Namen gab. Ich erfand damals einen: „teta veleta"*. Ich brauchte nur jene Kniekehlen im ungestümen Spiel zu sehen, und ich sagte mir, daß ich „teta veleta" empfand, so etwa wie einen Kitzel, eine Verlockung, eine Demütigung. Eines Tages verließ ich heimlich die Wohnung und ging zu einem Haus, in dem zwei Jugendliche, zwei Brüder, wohn-

19

ten, die mich mit ihren von meinem so weit entfernten Körpern mehr als alle anderen jene durchdringende Empfindung spüren ließen, die sich schon weit im Innern jener Welt befand, an deren Schwelle ich gerade stand. Ich begab mich nur aus dem einen Grund zu ihnen: Ich wollte „teta veleta" empfinden. Ich erinnere mich noch daran, wie ich deswegen Schuldgefühle hatte und wie ich, am ganzen Körper zitternd, die Treppen hochstieg und an die Tür klopfte. Ich weiß nicht mehr, was geschah, nachdem die Tür aufging. Ich erinnere mich nur noch an den Augenblick, in dem sie geöffnet wurde.

...jetzt überkommt mich noch eine Erinnerung: der zweite Schritt auf dem Weg „dorthin". Ich war fünf Jahre alt, und wir lebten damals in Conegliano. Aus dieser stillen Zeit sind mir noch viele Tage und Ereignisse im Gedächtnis. Damals merkte ich noch nichts von dem schlechten Verhältnis zwischen meinen Eltern und lebte glücklich und zufrieden in ihrer Mitte. Deutlich sehe ich vor mir die Zimmer unserer Wohnung, die Fenster ... An einem Sonntagabend waren wir – Mama, Papa und ich – gerade vom Kino zurückgekommen. Während ich auf das Abendessen wartete, sah ich mir einige Zettelchen an, die im Kino als Reklame verteilt worden waren. Ich kann mich nur an eine einzige Illustration erinnern, an die aber mit einer Genauigkeit, die mich heute noch verwirrt. Wie ich auf sie starrte! Welche Beklemmung und Wollust sie in mir hervorrief! Ich verschlang sie mit den Augen, alle meine Sinne waren in Aufruhr und auf das äußerste angespannt, denn ich wollte es vollends auskosten. Das Bild stellte einen Mann dar, der auf

dem Rücken zwischen den Pranken eines Tigers lag. Von
seinem Körper waren nur Kopf und Rücken zu sehen. Der
Rest verschwand (so nahm ich an) unter der Schnauze des
Raubtiers, aber ich glaubte, daß er im Rachen steckte wie
eine Maus in den Fängen der Katze. Der junge Abenteurer
schien noch am Leben und sich der Tatsache bewußt zu
sein, bis zur Hälfte im Rachen des prächtigen Tigers zu stek-
ken. Er lag auf dem Rücken, den Kopf auf dem Boden, fast
so wie eine Frau, wehrlos, nackt. Das Tier hingegen würgte
ihn gierig hinunter. Beim Betrachten dieses Bildes wurde ich
von einer ähnlichen Empfindung ergriffen wie damals vor
zwei Jahren, als ich in Belluno den Jungen zugesehen hatte;
aber diesmal war sie diffuser als früher und hielt länger an.
Ich spürte einen Schauder in mir, der meine Knie weich
werden ließ. Zugleich verspürte ich den Wunsch, selbst jener
Abenteurer zu sein und bei lebendigem Leib von der Bestie
verschlungen zu werden. Seit damals stellte ich mir oft in
meinen Fantasien vor dem Einschlafen vor, mitten im Wald
zu sein und von dem Tiger angefallen zu werden. Ich ließ
mich von ihm verschlingen ... und dann dachte ich mir
natürlich aus – obwohl das absurd war –, auf welche Weise
ich mich befreien und den Tiger töten könnte.

3   Das Tagebuch, aus dem diese Passagen stam-
men, wurde zwischen Juni 1946 und Dezember 1947 ver-
faßt. Als Pier Paolo, nachdem er sich sieben Jahre lang, in
der Kriegs- und Nachkriegszeit, ständig in Friaul aufge-
halten hatte, nach Rom ging, gab er mir fünf Schulhefte und
ein sechstes, eben erst begonnenes zur Aufbewahrung.
Darin hatte er in unregelmäßigen Abständen über seine

Kindheit und Jugend, über die ersten fünfundzwanzig Jahre seines Lebens geschrieben. Diese Aufzeichnungen waren mir zum Teil bekannt, ich nahm sie in Verwahrung und vergaß sie dann. In einem geheimen Fach meines Schreibtisches dienten sie als Unterlage für die vielen Briefe, die mir Pier Paolo während seiner ersten Zeit in Rom gesandt hatte. Diese Briefe, von denen ein Teil in griechischen Buchstaben geschrieben war, setzten in gewisser Hinsicht den Bericht seines geheimen Tagebuches fort. Unglückseligerweise wurden sie von einer lieben und übereifrigen Verwandten in einer Laune des Augenblicks vernichtet, denn sie hatte das als Griechisch getarnte Italienisch nicht als solches erkannt. Auch die fünf Schulhefte waren in Gefahr: obwohl sie versteckt aufbewahrt waren, fielen sie – vielleicht gerade deshalb – wiederholt dem ausgeprägten kriminalistischen Spürsinn von Pier Paolos Vater in die Hände.

Ich habe diese geretteten Hefte wieder hervorgeholt und ihren Inhalt mit meinen bescheidenen, fernen Erinnerungen an die Friauler Zeit mit Pier Paolo verglichen, aber erst nachdem ich diese Erinnerungen niedergeschrieben hatte. Ich habe aus diesen Heften einige Seiten abgeschrieben und versucht, unleserliche Stellen für den heutigen Leser zu entziffern, gerade weil Pier Paolo sich in seinem Tagebuch an einen „lieben Leser" wendet und nicht an sich selbst oder an ein „alter ego". Ich befürchte nicht, damit ein Sakrileg zu begehen, ich glaube, daß diese Seiten nicht nur wegen ihres unvermuteten Auftauchens für den Leser interessant sind.

Auf den ersten Seiten unternimmt er den wenig geglückten und sofort wieder aufgegebenen Versuch, den Tagebuchaufzeichnungen Romancharakter zu verleihen. Es handelt sich dabei um einen rein formalen, ein wenig mythisierenden und retardierenden Eingriff in das eigentliche Bekenntnis. In der Tat werden diese Hefte explizit als Roman bezeichnet und haben auch einen Titel: „Unfreiwillige Seiten" (Roman). Der Text beginnt mit einem später durchgestrichenen Brief an Stendhal vom 20. Juni 1946. Im letzten Heft ändert sich der Titel des „Romans" (dessen Impostation sich etwas an Gide und an Laclos orientiert) in „Der Roman von Narziß" mit dem Untertitel „Dritter Teil: Bei Alcina".

Trotz dieser literarischen Anleihen, dieser *captatio benevolentiae*, sind diese fünf Hefte in Wirklichkeit das, was für einen jungen Dichter der Vierziger Jahre im dramatischen und kompromittierendsten Sinn des Wortes ein „Bekenntnis" ist.

In diesen Heften gibt Pier Paolo ein Resümee jener so lange entbehrten und schließlich doch erlebten Liebeserfahrung. Er verweist dabei den Leser – denn immer wendet er sich an ihn – auf Erinnerungen aus ganz früher und späterer Zeit und stellt diese als wirkliche und imaginäre, innere und äußere, determinierende, vorausweisende und erst im nachhinein wirksame Ursachen dar, die die Grundlage für diese Geschichte bilden. In seinem Fall ist es die Liebe, die ihn in jenem Augenblick leiden läßt.

Vorher hatte Pier Paolo, außer symbolisch oder in Andeutungen, nie seinen Eros und seinen Schmerz beschrieben. Hier hat er es mit einer Aufrichtigkeit getan, die ich „musikalisch" nennen würde, in der auch nur eine Spur von Falschheit die Harmonie gestört hätte. Die kursiv gesetzten Stellen, die sich mit meiner kurzen Erzählung decken oder auch nicht, sind jenen fünf Schulheften mit dem roten Umschlag entnommen.

4   Am Tag nach der Ankunft der Pasolinis in Casarsa wollte der Vormittag nicht zu Ende gehen. Bis zu den menschenleeren, heißen Mittagsstunden, wenn die Heuwagen von den Feldern heimkehrten und durch die großen Tore einfuhren, trieb ich mich mit einem leichten Schwindelgefühl im Hof unseres Hauses herum. Pier Paolo hatte sich auf dem Dachboden über der ehemaligen Schnapsbrennerei ein Studierzimmer eingerichtet. Dort hatte unser Großvater viele Jahre lang, vor und einige Zeit nach dem ersten Weltkrieg, Grappa hergestellt. Von dieser Tätigkeit waren nur die großen Dachböden, die Wannen für den Trester und eine kleine, in einem Schuppen abgestellte Lokomotive übriggeblieben.

Pier Paolo verbrachte den ganzen Vormittag in diesem Studierzimmer, und erst, wenn er auf den Balkon trat, durfte ich zu ihm hinaufgehen. Auf dem Tisch lagen große Bündel von Geschäftspapier, das mit grüner Tinte beschrieben war. Er fragte mich, ob ich am Nachmittag mit ihm schwimmen gehen wollte. Das war die Einladung, auf die ich seit Stunden gewartet hatte; aber er hatte sich schon wieder dem Schreiben zugewandt. Ich beobachtete ihn neugierig, denn hin und wieder unterbrach er sich dabei und klopfte mit den Fingern auf den Tisch, elfmal, dann wieder siebenmal, und murmelte dabei unverständliche Wörter, die sich wie ein leiser Singsang anhörten. Später erfuhr ich, daß er auf diese Weise die Betonung der Silben festlegte. Er schrieb jeden Tag Gedichte, und die beschriebenen Blätter kamen in

eine Mappe mit der Aufschrift *Kladde*. Darin waren
Gedichte, Aufsätze, Erzählungen, Romanentwürfe, Dialoge,
szenische Texte und Übersetzungen gesammelt. Viele Seiten
waren durch ein kreisförmiges Zeichen als unbrauchbar
gekennzeichnet, andere wieder durchgestrichen und neuge-
schrieben. Diese Texte, das Ergebnis seiner kontinuierlichen
Arbeit, stellen das umfangreiche Korpus seines zum größten
Teil unveröffentlichten Jugendwerks dar.

5   Der Tagliamento ist ein seltsamer Fluß, sein
ungeheures Kiesbett verliert sich gegen die bläulich-violetten
Berge hin, die zu gewissen Stunden des Tages immer blasser
werden und sich in der heißen Luft auflösen. Nach Unwet-
tern in den Bergen füllt sich sein Bett mit einer einzigen
trüben und reißenden Strömung, aber schon nach wenigen
Tagen bleiben nur noch vereinzelte Wasserläufe zurück,
voneinander getrennt durch Sand- und Schotterbänke, auf
denen wilde Weidenbüsche wachsen; und an verschiedenen
Stellen bilden sich seichte Tümpel, die einen kaum merkli-
chen Duft ausströmen. Und nach ein paar weiteren Tagen
bietet er wieder das gewohnte Bild einer Steinwüste. Es ist
daher ein ungewisses Unterfangen, in den Tagliamento baden zu gehen: wo er am Vortag noch einige Meter tief war,
ist tags darauf nur eine Pfütze, und so muß man von einem
Ufer zum anderen auf einigen Kilometern nördlich und süd-
lich der Delizia-Brücke nach anderen Wasserläufen su-
chen.

Jeden Tag nach dem Mittagessen erwartete uns auf dem
Dorfplatz von Casarsa eine Gruppe von Jungen auf ihren
Fahrrädern, um mit uns zum Fluß zu fahren. Von all diesen

Sommern war nur einer nicht ganz so schön, nämlich der des Jahres 1939, als Pier Paolo die letzte Klasse des humanistischen Gymnasiums übersprungen hatte und im Oktober zum Abitur antreten mußte.

Damals lernte er jeden Nachmittag einige Stunden lang im Schatten eines Wäldchens am Flußufer. Um mich zum Lachen zu bringen, flocht er aus Weidenzweigen eine Krone und setzte sie mir auf den Kopf. Er konnte kraulen – das hatte er in Riccione gelernt –, und ich und die anderen Jungen imitierten seinen Stil. Unsere Freunde, die einige Jahre älter als ich, aber jünger als Pier Paolo waren, wollten oft nackt schwimmen, und ich, der ich mich niemals ausgezogen hätte, wurde weggeschickt. Ich ging auf den Steinen den Luftspiegelungen entgegen, die die endlose Schotterebene verschwimmen ließen.

6 Pier Paolo hatte bei der Buchhandlung Zanichelli in Bologna ein Bücherkonto und kam oft mit einem Arm voll neuer Bücher nach Hause; gebrauchte kaufte er am Sottoportico della Morte: die gesamte „prosa d'arte"*, die ganze hermetische Lyrik, komplette Jahrgänge von literarischen Zeitschriften und sogar einige Restexemplare der „Solaria" und alle Ausgaben des Verlags Parenti.

Obwohl er gut Englisch konnte, las er nie Texte im Original, weder in Englisch noch in Französisch. Seine Lesebegeisterung galt den beiden von De Robertis herausgegebenen Leopardi-Bänden. Tasso und Tommaseo kamen später. Er zog Ungaretti Montale vor. Rimbaud, den er allerdings in einer sehr schlechten Übersetzung gelesen hatte, gefiel ihm in dieser Zeit nicht. Die von Bo herausgegebenen spanischen Lyriker, die griechischen in der Ausgabe von Quasimodo und die Gedichte Pennas waren große Entdeckungen für ihn. Seine Gedichtbände waren an vielen Stellen mit Kreuzchen und Bleistiftstrichen versehen, die „schön" bedeuteten, während gewellte Linien das Gegenteil ausdrückten. Auf manchen Seiten standen kurze Kommentare. Ich hatte bislang nur unsystematische Lektüre betrieben und bat ihn, für mich einige Bücher auszuwählen, woraufhin er mir den „Daedalus" von Joyce und Giargiulos „D'Annunzio" gab.

7   Am Sportplatz hinter der Remise spielten wir Fußball. Jeden Tag, wenn wir vom Fluß zurückkehrten, wurden wir dort schon von Freunden erwartet, aber nicht immer waren es genug, um ein Spiel machen zu können. In diesem Fall stellten sich die Spieler im Halbkreis um das Tor auf, paßten den Ball hin und her, bis dann einer plötzlich auf das Tor schoß. Neun von zehn Mal landete der Ball auf einem morastigen Terrain, wo ich schon wartete, um ihn zurückzuschießen.

8   Abends fuhr Pier Paolo allein mit dem Fahrrad in das durchsichtige Dunkel der Sommernächte hinaus. Niemand merkte, daß seine Streifzüge im Zeichen von Angst und Verstörung standen. Eines Tages sprach er auf der Straße einen Jungen an, der daraufhin davonlief. Eine Frau, die von weitem zugesehen hatte, schimpfte hinter Pier Paolo her, nachdem sie von dem Jungen erfahren hatte, was vorgefallen war. Er verlebte daraufhin Tage des Schreckens, weil er überzeugt war, verhaftet zu werden:

Ich war darauf gefaßt, daß es jeden Moment geschehen könnte: vermutlich hätte ich in einer ähnlichen Situation, wäre ich nicht von Natur aus beherrscht und gelassen, auf einen folgenschweren Ausweg verfallen können ... Was mich am meisten quälte, war der Gedanke, mit dieser Schande meiner Mutter und meinem Bruder vor die Augen treten zu müssen.

9 Als er zu studieren begann, bekam meine Großmutter ein Abonnement des „Setaccio" geschenkt, der Zeitschrift des Guf* von Bologna, deren Chefredakteur er war. Auf dem Titelblatt der ersten Nummer war eine Zeichnung von ihm abgebildet, die mit Strichen und Flecken im Stile Manzus einige unserer Freunde beim Musizieren darstellte. Im Inneren waren einige seiner ersten friaulischen Gedichte abgedruckt. In unserer Familie sprach man allerdings nicht friaulisch, die Sprache der Bauern, sondern einen sehr spröden, ausdrucksarmen venetischen Dialekt, die Koine des Landbürgertums, dem wir angehörten.

10 Als er aus Weimar zurückkam, wo er an einem Treffen zwischen der faschistischen und der nationalsozialistischen Jugend teilgenommen hatte, trug er an seiner Studentenmütze einige Anstecknadeln mit dem Hakenkreuz, die ihm junge Deutsche geschenkt hatten. Er hatte jedoch auch einen jungen Polen kennengelernt, der ihm, in Latein, den Überfall auf sein Land geschildert hatte. Dieses Gespräch hatte ihn stark beeindruckt, denn es hatte ihm zum ersten Mal eine Vorstellung vom Nationalsozialismus vermittelt. Auf der Rückfahrt setzte er im Zug einen Akt der

Auflehnung, als er sich weigerte, vor einem faschistischen Schar-Führer stramm zu stehen.

11   Sein Vater Carlo war Nationalist und voller Bewunderung für den Faschismus. Das Monokel, die Uniformen, die Orden und das Bewußtsein, von einer adeligen, wenn auch verarmten Familie abzustammen, verliehen ihm ein standesgemäßes Auftreten. Pier Paolo hatte jedoch den Verdacht, daß sein Vater eine fürchterliche Schuld verbarg: Er vermutete, daß er beim Prozeß gegen Zaniboni in Bologna falsch ausgesagt hatte. Aus dieser Komplizenschaft mit dem Mussoliniregime hatte er allerdings keinen Vorteil ziehen wollen oder können, und so war er in seiner militärischen Laufbahn nur mühsam vorangekommen. Er hing sehr an seiner Familie und bedrängte sie mit seiner Leidenschaftlichkeit und Eifersucht; er war sehr stolz auf seine Söhne, die darunter zu leiden hatten. In seiner Jugend und in den ersten Ehejahren hatte er viel gespielt und dabei manchmal seinen ganzen Sold verloren. Einmal bat der vierjährige Pier Paolo seine Mutter, ihm Lumpen anzuziehen und einen Sack über die Schultern zu hängen, weil er betteln gehen wollte. Das schlechte Verhältnis zwischen seinen Eltern hat Pier Paolo stets als eine „echte Tragödie" bezeichnet.

12   Im Jahr 1943 flüchteten die Pasolinis vor den Bombenangriffen auf Bologna und ließen sich endgültig in Casarsa nieder. Ein beträchtlicher Teil unseres Hauses, das noch vom bäuerlichen Leben unseres Großvaters geprägt war, wurde mit außergewöhnlich großen, schwarz lackierten

Möbeln im Jugendstil vollgeräumt, die Carlo Alberto in einer Heerestischlerei hatte anfertigen lassen. An den Küchenwänden, zu beiden Seiten der Kamineinfassung, wurden Regale mit mehreren tausend Büchern aufgestellt, unter denen sich auch einige Exemplare der unveröffentlichten Ausgabe der „Gedichte aus Casarsa" befanden, die Pier Paolo im Jahr zuvor auf eigene Kosten hatte drucken lassen. Viele Exemplare dieses Buches hatte er an bekannte Kritiker und Schriftsteller geschickt, und erste Rezensionen waren bereits erschienen. Aber die lang erwartete Anerkennung kam von Gianfranco Contini, der Pier Paolo in einer kurzen Nachricht mitteilte, daß er der Zeitschrift „Primato" einen Artikel über sein Buch geschickt hatte. Die Postkarten Continis, deren sorgfältige Schriftzüge etwas von der Schönheit chinesischer Ideogramme an sich hatten, waren von diesem Zeitpunkt an wie himmlische Botschaften. „Primato" veröffentlichte zwar seinen Aufsatz nicht, weil das faschistische Ministerium dialektfeindlich war, aber Pier Paolo wurde für die Enttäuschung bald entschädigt: Eines Tages kam mit der Post eine Schweizer Zeitung, in der jener Text, der die weitgesteckten Ziele der Lyrikwerkstatt von Casarsa erläuterte, abgedruckt war.

Ich muß auf die Zeit zurückkommen, in der ich noch keine Liebeserfahrung hatte, in der sich diese mir – so könnte es fast scheinen – mit berechnender Konsequenz und Regelmäßigkeit entzog. Ich war schon einundzwanzig und gerade von Bologna nach Casarsa gekommen. Ich erinnere mich an die ersten Februartage des Jahres 1943 ... ich machte mich daran, mein Casarsa wiederzuentdecken, in das nach den Farben des Winters das Grün zurückgekehrt war. Ich hegte in mir eine Unzahl zärtlicher Absichten, Gedanken an Freundschaften und an Alleinsein ... ich entdeckte von neuem die vertrauten abendlichen Gerüche von Rauch, von Polenta und kalter Luft, den Tonfall der Sprache, ihre offenen Vokale, ihre Zischlaute, die an den geheimen, nicht in Worte faßbaren Sinn rührten, der sich in jener Welt verbarg. All das waren Vorboten künftiger Freuden, Vorboten bescheidener und doch so tröstlicher Abenteuer; dessen war ich mir sicher. Soll ich von anderen, geheimeren, geradezu sträflichen Vorstellungen erzählen, die ich im Halbschlaf oder in meinen einsamen Stunden ausbrütete? Soll ich von dem „blonden Jungen" sprechen, einer der vielen Schöpfungen meiner Fantasie, den ich in Casarsa schließlich finden würde, mit der ganzen Zartheit und den Geheimnissen eines heranwachsenden Schülers, der fähig wäre, meine Sehnsüchte zu verstehen und das Glück einer Umarmung zu teilen? Ich war dazu verurteilt, mich monatelang zu quälen. In den ersten Nachmittagsstunden verließ ich mit dem Fahrrad das Dorf und machte lange Touren durch die umliegenden Ortschaften ... Ich scheute mich nicht, jegliche Schande zu riskieren, alles zu versuchen, nur um unterwegs einen dieser Jungen anzusprechen. Aber sie ignorierten mich erbarmungslos – auf ihren Fahrrädern oder bei der Arbeit zwischen Maulbeerbäumen und verknorpelten Weinstöcken ...

13   Die Freundschaft, die Pier Paolo zu mir als Kind empfunden hatte, war nun getrübt. Vielleicht störte ihn mein etwas unstabiles, pubertäres Verhalten oder die Entdeckung einer sexuellen Neigung, die – um es so auszudrücken

– ein zweites Mal in der Familie vorhanden war. Ich beobachtete eifersüchtig seine Leidenschaft für andere Jungen, unter denen sich auch einige meiner Freunde befanden, deren Pubertät allerdings harmonisch verlief. Ich versuchte mit allen Tricks, seine Freundschaft wiederzuerlangen; so stellte ich zum Beispiel jeden Nachmittag einen Teller voller Trauben vor die Tür seines Zimmers. Ich hatte einige meiner Schulaufsätze zu lyrischer Prosa umgearbeitet und zeigte sie meiner Großmutter, die es auf sich nahm, sie an Pier Paolo weiterzuleiten, und die mir dann auch sein wohlwollendes Urteil überbrachte. An einem Sonntagmorgen lud er mich zu einem Spaziergang ein. Die Straßen von Casarsa waren voller festlich gekleideter Menschen, die aus der Kirche kamen. Viele Jungen grüßten uns; es waren bildschöne Bauernsöhne, die selbst noch in ihrem Sonntagsgewand einen Geruch von Stall und Maiskolben, den Geruch ihrer Schlafkammern, an sich hatten. Er sprach mit mir über künstlerische Arbeit, über Originalität und Stil. An jenem kurzen Sonntagmorgen machte Pier Paolo aus mir einen eifrigen Jünger, denn er strahlte eine große Faszination aus, und das nicht nur auf mich allein.

Ich konnte nicht umhin, mit N. darüber zu sprechen. Ich erzählte ihm von meinem Abstecher nach Rosa und davon, daß ich Angelos Begabung für die Malerei entdeckt hatte. Ich war von Gefühl überwältigt, als ich N. diese Hoffnungen, aus Angelo einen Künstler zu machen, verriet ... N. bestärkte mich in meiner Hoffnung und beschrieb mir meine Fähigkeit, eine Art poetischer Kraft auszustrahlen, die gewisse Seiten in den Menschen, mit denen ich

Umgang habe, anspricht und in ihnen poetische Fähigkeiten und Lust am Schreiben erweckt, und er führt sich selbst und noch viele andere als Beispiel an ...

14   Der Sommer des Jahres 1943 war wunderschön, der Krieg hatte Casarsa zu einem noch angenehmeren Aufenthaltsort werden lassen. Wir hatten unsere Ausflüge an den Tagliamento aufgegeben, weil wir unsere Fahrräder nicht mehr benützen konnten, da es im Handel keine Fahrradschläuche mehr gab. Außerdem hatte der Fluß seinen Reiz für uns verloren. Da für beide Brücken Bombardierungsgefahr bestand, war er zu einem fremden, feindlichen Ort geworden. Und so gingen wir nun zu einem kleinen, von einem dichten Schilfgürtel umgebenen See, in dem es von Wassertieren wimmelte. Er war nur über einige schmale Pfade zu erreichen. Der Nachmittag verstrich in langen Lesestunden, gegen Abend jedoch belebte sich der Ort mit Jungen, die von der Arbeit kamen. Mit ihnen sprangen auch wir dann in das schon kühle Wasser. Von den darauffolgenden Spielen und Lockrufen im hohen Gras war ich ausgeschlossen. Ich blieb allein am Ufer zurück, mit einem Buch in der Hand, das uninteressant geworden war.

Ein anderes Ziel unserer Nachmittage war eine kleine, wassergefüllte Kiesgrube, die man über die Felder zu Fuß erreichen konnte. Viele unserer Freunde badeten dort, und schon nach wenigen Minuten wurde das Wasser zu einer schlammigen Brühe, aus der erschreckt die Kröten flüchteten. Es waren auch viele unbekannte Jungen dort, die aus den wenigen Arbeiterfamilien unseres Dorfes stammten.

Wir hatten nie das Wort Homosexualität gebraucht,

bis mir Pier Paolo damals erzählte, er hätte es einige Jahre zuvor erstmals gehört. Einer seiner Schulkameraden im Gymnasium hatte ihm erzählt, daß Oscar Wilde wegen eines Liebesbriefes an einen Jungen ins Gefängnis gekommen war.

Gleich nach dem Mittagessen fiel eine lärmende Menge über das Ufer jenes Tümpels her, zertrat das zusehends unansehnlicher werdende Gras, bis es mit der Zeit abstarb. Meist badeten sie nackt, auch die Größeren, und oft befriedigten sie sich gemeinsam. Bruno war einer von ihnen, und, obwohl er ernst und träge war, stand er den anderen an Überheblichkeit keineswegs nach. Er stammte offensichtlich aus einer seit Generationen proletarischen Familie und hatte etwas von der Dumpfheit eines Tieres an sich; er war gewalttätig, grob, und deswegen hatte er Erfolg bei seinen Altersgenossen. Gleich nach dem Essen lief ich, mit unnützen Büchern unter dem Arm, zum Tümpel und legte mich in das schmutzige Gras, um auf ihn zu warten, während sich um mich herum die Schar der Jungen lärmend vergnügte. Er kam schweigsam des Weges, mit einer Zigarettenkippe im Mund; er machte einen brutalen Eindruck. Ich wurde von einem Gefühl erniedrigender Zärtlichkeit überwältigt. Ohne mich eines Blickes zu würdigen (oder tat er nur so?), warf er den leeren Sack, den er später mit Gras für die Kaninchen anfüllen würde, zu Boden. Daraufhin ließ er seine armseligen Klamotten fallen und sprang nackt ins Wasser ... Ich half Bruno, Kaninchenfutter zu sammeln, und als die Säcke voll waren, fragte ich ihn, ob ich ihn ein Stück auf dem Nachhauseweg begleiten könnte ... Wir trafen uns oft in jenem Sommer. Der Bann war gebrochen: auch für mich war jenes Wunder wahrgeworden, das mir für immer verwehrt schien ...

... Quod factum est infectum manere impossibile est.

Ich wartete stundenlang auf ihn, mit meinem Tommaseo und meinem Tasso in einer Wiese sitzend, die inmitten von Weinstöcken lag, an einem von unzähligen Bäumen gesäumten Graben. Der Sommer vollbrachte dort seine stillen Wunder ... Oft glaubte ich, in dem trügerischen Gewirr der Vogelstimmen eine menschliche Stimme zu vernehmen, und stand auf, in dem unsinnigen Glauben, Bruno riefe nach mir ...

15 Aber jener kleine See besaß nicht die Anziehungskraft und die ekstatische Wirkung, die der Fluß auf uns gehabt hatte. An manchen Nachmittagen gingen wir auf der Straße, die an dem See vorbeiführte, weiter und stiegen dann in ein ausgetrocknetes Bachbett, das von Büschen und Bäumen überdacht war. Am Ausgang dieses langen, natürlichen Tunnels lag ein kleines Dorf mit ein paar Häusern und einem Kirchlein aus dem vierzehnten Jahrhundert, das rosa aus einem kleinen Wiesenstück hervorleuchtete. An seinen Innen- und Außenwänden hatten wir Spuren von Fresken entdeckt. Ein befreundeter Maler zeigte uns, wie man mit Zwiebeln die feine äußere Putzschicht abreiben und so herausfinden konnte, was sich darunter verbarg. Nachdem wir einen Nachmittag lang gearbeitet hatten, kamen die Überreste eines Freskos, das Antlitz eines Heiligen, zum Vorschein. Wir schrieben es einem Schüler Giottos zu, denn nur wenige Kilometer von dem Dorf entfernt lag die Abtei von

Sesto al Reghena. Das Dorf hieß Versuta, ein Diminutiv von Viersa, ein echt friaulischer, ein „leuchtender" Ortsname.

16   Pier Paolos Vertrautheit mit seiner bäuerlichen Umgebung wurde zu sehnsüchtiger Schwärmerei für jene alte Welt, deren Gebräuche sich über Jahrhunderte nicht verändert hatten, für Meßfeiern im Geiste der Barmherzigkeit, für eine Sprache, die – noch bevor sie mit dem Venetischen in Kontakt kam – aus alten romanischen Quellen hervorgegangen war. Er träumte von früheren Epochen, von den christlichen Anfängen unseres Volkes, von dessen spärlichen Spuren in der Geschichte, von längst vergangenen Kriegen, die große und berühmte Äbte auf der Seite der Bauern gegen die Feudalherren geführt hatten. Wir begannen, die Abendandacht in der Kirche von Casarsa zu besuchen: wir hörten den Jungen zu, die im Chor sangen und für uns zu Sinnbildern einer urwüchsigen Jugend wurden, und nahmen an den Prozessionen teil, die in der Abendluft über den Feldern den Duft von Kerzen und Weihrauch verbreiteten. Pier Paolo begann, Engel und Heilige für eine Kapelle zu zeichnen, die wir im Andenken an die christlichen Märtyrer und – unbewußt – als Symbol für das Martyrium des Krieges inmitten der Felder errichten wollten. Susanna, die in einer Atmosphäre archaisch-bäuerlicher Religiosität aufgewachsen war, hatte in der Erziehung ihrer Kinder auf diesseitige Ideale wie Güte, Altruismus, Wissen und Mut Wert gelegt und sie eine kritische Haltung gegenüber jeglicher Form von Aberglauben gelehrt. Aber Pier Paolo fühlte sich schon als Heranwachsender stark von den christlichen Tugenden angezogen, und

die suggestive Atmosphäre der Meßfeier entfachte in ihm Schuldgefühle und das Verlangen nach Buße für seine qualvoll erotischen Träume. Die bäuerliche Religiosität deckte diese Gefühle sanft zu.

Im Mai ging ich jeden Abend zum Rosenkranz: ich erlebte Stunden von außergewöhnlicher Sanftheit. Die Kirche war kaum besucht, wenige Kerzen brannten, die Luft über dem Steinboden war kühl und doch frühlingshaft, die eintönige Leier der Rosenkranzstrophen lullte mich allmählich ein. An die Tür gelehnt, in der Nähe des Taufbeckens oder mitten im Kirchenraum standen rings um mich jene Jungen, derentwegen ich in die Kirche gekommen war, und sangen ... Durch die bereits laue Nacht drangen, verzerrt durch die Entfernung, Trompeten- und Ziehharmonikaklänge. Es waren Milio, Gigi und Rino, die sich, vielleicht an eine Weide oder an einen Bordstein gelehnt, auf ihren Instrumenten versuchten...

Meine Erziehung war nicht im strengen Sinn des Wortes katholisch. Mein Vater, von Beruf Offizier, war der Religion gegenüber ziemlich gleichgültig eingestellt, obwohl er jeden Sonntag mit uns in die Kirche ging. Er machte (und macht) sich nichts aus diesen Dingen. Auch er hat wie ich (aber auf welch unterschiedlichen Wegen!) seine Existenz auf sich selbst reduziert, obwohl es schon Leitbilder gibt, an die er glaubt: Ehre, Nation, Vaterland u.s.w. Meine Mutter wiederum ist zu bodenständig und naiv und kann gar nicht anders als glauben. Ihre Bildung und ihre Fantasie haben aber eine Unzahl von Zweifeln in ihr entstehen lassen; ohne daß sie sich dessen bewußt war, hat sich ihr Glaube in eine Naturreligion verwandelt. Trotzdem war bei uns zu Hause der Katholizismus überall spürbar, nämlich als moralische und geistige Haltung. Er war sogar ziemlich ausgeprägt: nicht umsonst hat mein Bruder mit nicht einmal zwanzig Jahren sein Leben für ein Freiheitsideal hingegeben. Bis zu meinem fünfzehnten Lebensjahr glaubte ich an Gott mit der Unbedingtheit eines Kindes. Die Pubertät verstärkte noch die verbohrte Ernsthaftigkeit meines falschen Glaubens. Bezeichnend war auch meine Verehrung der Muttergottes. Ich steigerte mich so sehr in religiöse Gefühle hinein, daß ich mir zuweilen sogar einbildete, die Madonna auf den Bildern bewegte sich und lächelte mir zu ... Am Abend, vor dem Einschlafen, tat ich Buße für Sünden, die zu bekennen ich mich noch heute schämen würde. Ich betete Hunderte Ave Maria.

Seltsamerweise erinnere ich mich nicht daran, wie jener Glaube verging. In den letzten Jahren bin ich manchmal der Religion wieder näher gekommen: zunächst einmal aus einer Art von Bewußtwerdung der eigenen historischen Bedingtheit, durch die ich Christ und Katholik bin; dann aus der Erfahrung absoluter Einsamkeit heraus, die mein geistiges Leben in außergewöhnlicher Weise intensiviert hat. Als ich die Bezeichnung „mystisch" für diesen Zustand meiner Verinnerlichung gefunden hatte, begann ich, auf die göttliche Gnade zu hoffen, das heißt auf die Möglichkeit, das Andere, Gott, zu erfassen. Aber in beiden Fällen handelte ich mehr aus jenem Mechanismus heraus, den wir aus unserem Werdegang, aus der Abfolge unserer Augenblicksillusionen entwickeln. Nur als ich T. krank vor mir

sah, mußte ich unablässig an die Gegenwart Gottes den-
ken ...

17   Versuta ist ein Dorf mit kleinen Grundbesit-
zern und Landpächtern. Es gibt dort einige ärmliche Bauernhäuser mit riesigen Überdächern, Ställe und Kanäle entlang der einzigen Straße, Höfe und Gärten, aus denen den
ganzen Sommer lang das Farbenkonzert der Dahlien und
Zinnien dringt. Am Ufer der Viersa, in deren klarem Wasser
Gänse schnattern, sind die Waschbretter der Frauen aufgestellt. Gleich hinter den Gärten beginnen die Felder, da und
dort kleine Wäldchen mit Eichen, Erlen, Weiden und Pappeln. Jedes Haus hat außen eine Treppe und einen Balkon
aus Holzbrettern. Die blanken Fußböden der oberen
Zimmer zeugen von der im Haus herrschenden Reinlich-
keit.

In einem dieser Höfe drängte mich Pier Paolo einmal,
die Hausfrau, die uns von der Tenne herab etwas verwundert ansah, zu fragen, ob sie Zimmer vermiete. Ernesta
wollte anfangs nichts davon wissen, weil ihr das Haus zu
armselig erschien, ließ sich aber schließlich von unserem
Drängen überzeugen und führte uns in eines der beiden
Zimmer auf der Balkonseite, in dem Getreide gelagert war.
Einige Tage danach zogen wir von Casarsa los, mit einem
Handkarren, auf dem wir einen wackligen Berg von Büchern
vor uns herschoben. Manchmal blieben die Räder des Kar-
rens in den Furchen des eingetrockneten Schlammes stecken,
und manch unsterbliches Werk der Literatur fiel ins Gras,
wir aber waren glücklich, den Weg zur großen bäuerlichen
Mutter gefunden zu haben.

18 Das Zimmer bei Ernesta wurde als neues Studierzimmer eingerichtet, und auch dort schlossen wir bald Freundschaft mit den Jungen des Dorfes. In Versuta waren die Leute freundlicher, von einer unergründlichen Güte, die zugleich nah und fern war wie das Licht der Sterne. Die Jungen waren von unversehrter, ursprünglicher Schönheit. Während es um Casarsa viel Feuchtland gab, breitete sich um Versuta ein Mantel von Wiesen, Weingärten und Maulbeerbäumen aus, der sich bis zu den Schotterflächen des Tagliamento erstreckte.

19 Pier Paolo wurde eingezogen und mußte für einige Tage mit einer Studentenkompanie nach Livorno. Er nahm das Manuskript seiner Dissertation über die italienische Malerei des zwanzigsten Jahrhunderts mit, die er bald darauf bei Roberto Longhi hätte einreichen sollen. Aber dann kam der achte September dazwischen: Der Kompaniekommandant ließ sie einige Stunden lang gegen die Deutschen, die sie umzingelt hatten, Stellung beziehen. Sie hoben einen provisorischen Schützengraben aus, in dem Pier Paolo, während alles auf den Angriff wartete, einschlief. Dann floh er, teils zu Fuß, teils mit dem Zug, nach Hause, in einer Hose und einem Hemd, die ihm eine toskanische Bäuerin geschenkt hatte. Auf dieser Flucht ging jenes Manuskript verloren.

20 Es begann der Schrecken der Bombardierungen. Während bei uns zu Hause alle eher gelassen reagierten, lebte ich in ständiger Furcht. Weit weniger Angst hatte ich vor den deutschen Soldaten, im Gegenteil, ihre Uniformen und ihr jungenhaftes und romantisches Aussehen zogen mich an. Pier Paolo hingegen haßte sie und hörte selbst nach dem Krieg nicht auf, sie zu hassen.

Als die Partisanen zwei deutsche Wachtposten erschossen, gab es in Casarsa die erste Razzia. Auf dem Dorfplatz herrschte furchtbares Entsetzen, und das Leben schien zu einer Fratze seiner selbst verzerrt worden zu sein; selbst die alltäglichsten Verrichtungen und sogar die alten Leute, die ahnungslos umhergingen, waren davon betroffen. Alle Männer des Dorfes waren in die Felder geflohen, Pier Paolo entschied sich im letzten Augenblick zur Flucht. Die Eltern von Freunden hatten uns ein Versteck angeboten: über ihren Hof konnten wir auf den Kirchturm gelangen. Pier Paolo nahm eine Ledermappe mit all seinen Manuskripten und den letzten Band einer Literaturgeschichte mit. Ich begleitete ihn und beschloß dann, bei ihm zu bleiben. Durch einen Mauerspalt beobachteten wir, was auf dem Platz vor der Kirche und dem Stück Straße, das wir einsehen konnten, vor sich ging. Die Angst ließ mich ein wenig schläfrig werden, Pier Paolo hingegen las, auf einer Stufe sitzend, in der Literaturgeschichte und machte sich Notizen. Wir verbrachten zwei Tage und zwei Nächte auf jenem Kirchturm, den die Druckwellen der schweren Bombenangriffe auf die Tagliamento-Brücke einige Stunden lang immer wieder zum Schwanken brachten.

21 Guido war zu Hause geblieben und wurde dort von den Faschisten, die mit den Deutschen zusammenarbeiteten, verhaftet. Während sie ihn abführten, gelang es ihm, meiner Mutter eine Warnung zuzuflüstern. Unter dem

Fußboden seines Schlafzimmers hatte er ein Versteck ange-
legt, wo er Handgranaten, Gewehre und Magazine ver-
wahrte, die er aus den Depots der Kaserne in Casarsa
gestohlen hatte. Meine Mutter und meine Schwester
brauchten einen ganzen Tag, um sie in einer Jauchegrube
verschwinden zu lassen. Währenddessen streiften die Deutschen durch das Dorf und steckten einige Häuser in
Brand.

Als Guido im Begriff war, den Lastwagen der
Faschisten zu besteigen, kniete unsere Großmutter vor deren
Anführer nieder und bat, ihn zu verschonen. Aber man
setzte ihr die Pistole an den gekrümmten Rücken und stieß
sie in das Haus zurück. Susanna war weinend in ihrem
Zimmer zurückgeblieben, und die jungen Faschisten, die
noch durch das Haus streiften, machten ihr Komplimente.
Sie gingen erst, als meine Mutter den glücklichen Einfall
hatte, ihnen eine Photographie von Carlo Alberto aus Kenia
zu zeigen, auf der er mit dem *Herzog von Aosta** abgebildet
war. Nachdem man ihn einige Tage lang verhört und auch
geschlagen hatte, kehrte Guido nach Hause zurück. Einige
Wochen später wurde unsere Großmutter bettlägrig, und
bald darauf starb sie.

22   Es war zu gefährlich geworden, mit dem Zug
nach Udine in die Schule zu fahren, und so hatte Pier Paolo
bei sich zu Hause im Eßzimmer eine kleine Privatschule für
mich und meine Freunde eingerichtet. Eine Freundin von ihm
aus Bologna, eine jüdische Dichterin, hatte ebenfalls in
Casarsa Zuflucht gesucht. Sie gab uns Englisch- und Grie-
chischunterricht, ein anderer junger Dichter unterrichtete

uns in Mathematik. Ich schrieb schon Gedichte in Italienisch und Friaulisch, und auch meine Freunde begannen damit. Ende 1943 erschien, von Pier Paolo finanziert, das erste Heftchen von „Il Stroligut", einer Literaturzeitschrift für friaulische Dichtung, an der wir alle mitarbeiteten. In den folgenden Jahren erschienen ungeachtet des Krieges weitere Nummern.

23 Eine slowenische Geigerin, die sich gleichfalls nach Casarsa geflüchtet hatte und bei Verwandten untergekommen war, schloß bald Freundschaft mit Pier Paolo. Sie kam jeden Tag zu uns, um ihm Geigenunterricht zu geben, und er mühte sich stundenlang mit den Übungen ab. K. war eine große Könnerin, einige Jahre älter als Pier Paolo, eine sehr intelligente Frau, die aus einem anderen Kulturkreis kam, sie hatte bereits den ganzen Freud im Original gelesen. Sie war außerdem sehr mutig, leidenschaftlich und konsequent bis zur Selbstaufgabe. Sie verliebte sich in Pier Paolo und hielt an ihrer Liebe fest, obwohl diese nicht im geringsten erwidert wurde. K., die mehr Gefühlsstärke und intellektuelles Format hatte als alle anderen nach ihr, eröffnete den Reigen der nicht wenigen Frauen, die Pier Paolo liebten. Sie legte sozusagen das Schema jenes Opferritus fest, bei dem man mit nackten Füßen auf glühenden Kohlen ging oder die Augen auf einem Tablett darbot, ohne daß jemals am Schluß eine Katharsis stand.

Eines Abends übergab sie mir einen Brief, in dem sie mir ihre Liebe erklärte ... Es war eine Geste, die sofort vom Wind erfaßt und hinter unseren Rücken geschleudert

wurde. Ich versuchte, meine fehlende Liebe durch ein
Gefühl aufrichtiger Zuneigung zu ersetzen. Ich verhielt mich
ihr gegenüber wie eine Figur aus einem Theaterstück, die
schon weiß, was mit ihr geschehen wird ... Eines Tages, als
sie schon alles wußte, kam sie und bot sich mir als Schutz-
schild gegen das Gerede der Leute an ... Wäre ich ein wenig
scheinheiliger gewesen, dann hätte ich nicht die Tränen
zurückgehalten, die mir bei diesem Vorschlag in den Augen
standen. Aber auch in diesem Fall zeigte ich ihr meine
wahren Gefühle nicht ...

24   Tante Susanna ließ es sich nicht einmal in den
schlimmsten Situationen nehmen, sich nach allen Regeln der
Kunst zu schminken. Während sie stundenlang in der Küche
vor einem Spiegel stand, nahm Pier Paolo Pergamentpapier
und ein wenig Farbe und porträtierte sie. Die beiden verband
eine so tiefe Liebe, daß sich die anderen ein wenig ausgeschlossen fühlen mußten. Guido, der sie beide sehr liebte
und mit dem Altruismus des Heranwachsenden seinen
eigenen Anspruch auf Zuwendung zurückstellte, litt, ohne
sich dessen bewußt zu sein, psychisch sehr darunter. Denn
zuweilen fühlte er sich im Schatten jenes „wunderbaren
gemeinsamen Lebens". Hinter der Fassade seiner extrovertierten und kämpferischen Jugend hielt er diesen verhängnis-
vollen und zerstörerischen Schmerz verborgen. Auch Carlo
litt, auf seine Weise, nachdem er irgendwann bemerkt hatte,
daß das Liebeswerben seiner Frau nicht ihm galt.

25   Am 10. September 1944 wurde ein Muni-
tionskonvoi im Bahnhof von Casarsa bombardiert und von

Flugzeugen aus mit Maschinengewehren beschossen. Es brach ein Brand aus, der das Dorf vernebelte, und den ganzen Tag hindurch kam es zu entsetzlichen Detonationen. Die Allgegenwart von Gewalt und Angst hatte alle Dinge und Bereiche des Lebens verwandelt, zu etwas vollkommen Wehrlosem gemacht, das an der eigenen Zerstörung mitwirkte. Jede Nacht wurde Fliegeralarm gegeben, und Tausende von bengalischen Feuern erhellten das Land. Alles sprang aus den Betten und flüchtete über die Landstraßen. Susanna, die nie recht wußte, wo sie mit ihren Stöckelschuhen auftreten sollte, wurde von Pier Paolo bei jedem Straßenhindernis hochgehoben und ließ sich unter lachendem Protest tragen, während die anderen Frauen den Rosenkranz beteten.

Nach vielen zermürbenden Nächten beschloß unsere Familie im Oktober, sich noch weiter aufs Land zurückzuziehen. Susanna und Pier Paolo bezogen mit den allernotwendigsten Möbeln das Zimmerchen bei Ernesta in Versuta. Wochenlang war Pier Paolo damit beschäftigt, alles Notwendige dorthin zu schaffen. Schließlich kamen ihm aber die Bauern von Versuta zu Hilfe und holten den Rest auf einem von zwei Kühen gezogenen Karren ab.

Unsere Nachbarn C. waren die ersten, die uns die kleinen Freuden des Exils bescherten, sie schenkten uns Gemüse, Obst und Fleisch von ihrem frischgepökelten Schwein. Was uns jedoch am meisten rührte, war die Anteilnahme, die uns F., das Familienoberhaupt, entgegenbrachte. Er war ein überaus neugieriger Dickwanst, ein durchtriebener Flunkerer, der aussah wie ein Wilderer; er hatte ein archaisches Gesicht, dessen gutmütiger und zugleich schreckeinflößender Ausdruck mich an den – um einen gewählten Vergleich zu bringen – Homunculus erinnerte, ein Zwitterwesen, halb Mensch, halb Hahn, von dem ich als Kind vor dem Aufwachen träumte. Mit seiner dröhnenden Stimme trug er uns in jenen Tagen die Vorrede zu dem ländlichen Epos vor, das wir in der Folgezeit erleben sollten: unsere Begegnung mit der bäuerlichen Seele. Eine höchst schwierige Seele, Frucht einer anderen Mutter als der unsrigen, die ohne die Möglichkeit, mit dieser in Berührung zu treten, neben ihr lebt. Wir nähern uns ihr mit zu viel Begeisterung (selbst wenn es uns gelingt, nicht in die üblichen irrigen Vorstellungen vom idyllischen Landleben zu verfallen), und es ist unser Verhängnis, daß die Waffen unserer Liebe an ihrer eingefahrenen Gleichgültigkeit zerbrechen.

Ich habe nie konsequentere Skeptiker kennengelernt als die alten Bauern; freiwillig geben sie jene Art von Würde, die ihr Skeptizismus darstellt, nur im Namen zweier Gewohnheiten auf, die für sie beinahe schon Leidenschaften geworden sind: Kirche und Wein ... Mit fünfzehn sind sie bezaubernde Idole, voller Schamgefühl, Zartheit und einer unbeschreiblichen Lebendigkeit; mit achtzehn ist die vielversprechende – aber zukunftslose – Anmut, die sie mit Lebenshunger erfüllte, schon erstarrt, und ihre rührende Schüchternheit hat dunklere und eintönigere Nuancen bekommen. Was ihnen noch bleibt, ist die Befriedigung ihrer körperlichen Neugierde; das macht sie noch einmal verwundbar, das heißt leidenschaftlich, aber mit zwanzig ist dann alles vorbei.

An den Winterabenden versammelten sich die Bauern beim sogenannten „Filò"* in den Ställen. Pier Paolo brachte oft seinen Zeichenblock mit und plauderte mit ihnen, deren Sprache er nunmehr sicher beherrschte:

Die Angst vor dem Tod mischte sich selbst in die banalsten Gespräche.

26 Guido war seit einigen Wochen von zu Hause fort. Er hatte mich und meine Freunde damit beauftragt, ein paar Tage lang in verschiedenen Geschäften Lack in allen Farben einzukaufen. Eines Morgens standen an vielen Häusern des Dorfes antifaschistische Parolen, die in aller Eile von den Hausbesitzern aus Angst vor Repressalien übermalt wurden; aber es genügte ein Regenguß, um sie wieder zum Vorschein zu bringen. Guido hielt sich einige Tage allein im Haus in Versuta auf, und ich hatte den Auftrag, ihm einige Pakete zu überbringen. Er war zärtlich und sehr zugänglich geworden. Sein veränderter Blick und der leichte Ausdruck von Angst hatte ihm etwas von seiner sonstigen Unerschrockenheit genommen, die für mich immer ein wenig furchterregend gewesen war. Eines Tages verabschiedete er sich von uns und bestieg mit einem Seesack voller Waffen und den „Orphischen Gesängen" von Campana den Zug nach Spielberg. Er hatte zwar gesagt, daß er einen Freund besuchen wollte, aber wir wußten alle, daß er mit den Partisanen in die Berge ging, wo er im Februar des darauffolgenden Jahres den Tod fand.

27 Pier Paolo und Susanna machten jeden Tag

einen Spaziergang durch die Felder von Versuta. Die
Frauen, die ihnen begegneten, fragten, ob sie Geschwister
oder Verlobte seien – jene Frauen, die ihrerseits so mürrisch
und lieblos zu ihren Kindern waren. Susanna war glücklich,
denn sie wußte insgeheim, daß sich Pier Paolo nie von ihr
trennen würde, und dieses Glück verlieh ihr jugendliche
Frische. Pier Paolo streichelte sie, ließ sie auf seinen Knien
sitzen und rief sie mit Kosenamen.

Susanna, die vor ihrer Heirat in der Grundschule
unterrichtet hatte, nahm diese Tätigkeit in Versuta wieder
auf und gab den Bauernkindern Unterricht. Als Gegenlei-
stung erhielt sie Körbe voller Lebensmittel. Pier Paolo
unterrichtete die Älteren und einige Zeit auch mich und
meine Freunde, und so endete jener Herbst im lieblichen
Klang der Gedichte Foscolis.

*... wir begannen, den Kindern von Versuta, ungefähr
zwanzig an der Zahl, Unterricht zu geben. Ich hatte zwischen neun und zwölf Schüler und hielt meine Stunden in
einem armseligen Raum, der uns als Küche und Schlaf-
zimmer diente. Ich glaube, ich habe mich nie jemandem mit
soviel Hingabe gewidmet wie jenen Kindern in den Italie-
nisch- und Geschichtsstunden. Ich las mit ihnen sogar die
Gedichte von Ungaretti, Montale und Petocchi (und sie
hatten nicht die geringsten Schwierigkeiten damit). Als die
schönste Jahreszeit kam, verlegten wir den Unterricht in ein
Bahnwärterhäuschen inmitten der Felder. Es war sehr klein,
und wir hatten kaum Platz darin. Oft fand der Unterricht
auch im Freien statt, unter zwei gewaltigen, sich sanft im
Winde wiegenden Pinien ... Die Delizia-Brücke, Madonna di*

Rosa und das nahegelegene Casarsa waren ständiges Ziel von Bombenangriffen, deren weithin sichtbare Rauchfahnen den Horizont verdunkelten. Mir kommt vor, daß jene Tage immer heiter waren und der Himmel von einem weichen Blau ... Aber schon ab Januar begannen wir mit den Proben zu einem von mir verfaßten dramatischen Märchen mit dem Titel „Die Kinder und die Elfen“, das wir nach Kriegsende aufführen wollten.

Ich schwebte in ständiger Lebensgefahr. Monatelang war ich mir sogar sicher, daß es nur eine absurde Hoffnung war, diesem Inferno lebend zu entkommen. Ich fühlte mich dadurch gleichsam als lebendiger Leichnam, was sich sicherlich auch nicht gerade günstig auf mein Innenleben auswirkte, das ohnehin beinahe zum Stillstand gekommen war. Gerade damals machte ich zum ersten Mal die Erfahrung der „Grenze“, jenseits derer nicht mehr ich, sondern das Andere war. So brachte mich meine eigentliche religiöse Krise (nicht jene naive pascolianische und ästhetische des Jahres 1943) dazu, hic et nunc zu verstehen, daß ich in jenen Monaten, ohne es zu wissen, die Bedeutung des Wortes „mystisch“ erfahren hatte. Das läßt sich leichter verstehen, wenn man sich vor Augen hält, wie einsam ich wirklich lebte, denn ich konnte mich nicht mit irgendeiner Lösung zufrieden geben, in meinem Kopf häuften sich die Gedanken, machten sich gegenseitig zunichte und bildeten eine Art Humus, in dem ich den Sinn für die Realität – und das ist Mäßigung, Ergebung (und auch Heuchelei) – verlor. Ich verbrachte Stunden vor einem Blatt oder einem Baumstrunk und versuchte, sie zu verstehen, das heißt, die naturgegebene Grenzlinie zu überschreiten, an der ich aufhöre und das Andere beginnt: das

Blatt, der Strunk. Ich dachte nicht direkt an Gott, sondern an das Andere; das war mir wichtiger. Durch die Entdeckung dieser neuen Dimension begann ich schließlich, an das Wunder und an Prophezeiungen zu glauben.

28   In jenem Herbst wurde in Versuta die „Academiuta de lenga furlana" gegründet und der Dialekt von Casarsa in der von Pier Paolo entwickelten Orthographie als Sprache zugrundegelegt. Jeden Sonntag trafen wir uns mit unseren Freunden aus den umliegenden Dörfern. Der literarischen Runde hatte sich neben K., die uns die stillen regnerischen Tage von Versuta mit klassischer Musik verzauberte, auch der Maler Rico de Rocco angeschlossen, dessen Fresken und Landschaftsbilder so gediegen und sanft waren wie er selbst. Andere junge Leute kamen aus Casarsa zu uns. Pier Paolo trug uns ein kurzes Heldengedicht in Oktaven, „Il Tancredi", vor und las aus seinen Interpretationen der Sologeigenstücke Bachs, die bei K.'s Konzerten die beliebtesten waren. Ich las meine Gedichte vor und einige Übersetzungen der Vittorinischen Übersetzung von Lorcas „Bluthochzeit". Vom Krieg erfuhren wir nichts, nur manchmal erhielten wir verschlüsselte Briefe Guidos. Alle umliegenden Dörfer wurden bombardiert und nachts – was wir noch mehr fürchteten – von vereinzelten Flugzeugen angegriffen. Auch Casarsa wurde zur Hälfte zerstört, und an unserem Haus stürzte eine Außenwand ein.

Aber welch wunderbare Sonntage verbrachten wir in jenem Winter dank der friaulischen Poesie und K.'s Musik! Für mich und meinen Cousin N. bleiben sie, so hoffe ich, die schönsten, die wir erlebt haben (obwohl wir jedesmal, wie wir im Scherz sagten, mindesten „sechs wirklich lebensgefährliche Situationen" zu überstehen hatten). Wir versammelten uns in meinem Zimmer oder in der kleinen Vorratskammer der Cicutos, wo unsere Freunde Quartier gefunden hatten, oder, zuletzt, im Bahnwärterhäuschen, in dem ich unterrichtete ...

Wir diskutierten über Musik und Dichtung, und zwar mit der äußersten Unbeschwertheit ... Auf dem Gebiet der Dichtung war ich die anerkannte Autorität. Es bereitete mir eine innige Freude, darüber zu sprechen, denn normalerweise bin ich wegen meiner (melancholiebedingten) Schüchternheit kein guter Redner und bringe besonders poetische Sätze nur stotternd hervor; wenn ich hingegen heiter gestimmt bin, ziehe ich alle Register der Beredsamkeit: ich werde dann sogar brillant. Ich erinnere mich gern an unsere poetischen Zusammenkünfte als an eine Art Arkadien, oder, was mir noch besser gefällt, als eine in der Tat sehr ländliche Form des literarischen Salons. Man denke nur, daß an einem jener Sonntage unser friaulisches „félibrige" geboren wurde! An diesen Treffen nahm auch mein Cousin N. teil, der aus San Giovanni kam, von der Mühle, wo er mit den Seinen Unterschlupf gefunden hatte. Ungeachtet der nicht geringen Gefahren, denen er auf seinem Weg ausgesetzt war, tauchte er, in seinem schwarzen Wintermantel, seinen Ungaretti unter dem Arm, immer gelassen bei uns auf. Er war damals erst sechzehn und lebte seine Frühreife ohne Probleme aus ... Die Freude, mit der wir uns jeweils wiedersahen, verlieh unseren sonntäglichen Nachmittagen eine besondere, fast bewegte Atmosphäre.

29 Anfang April träumte Pier Paolo, daß der Krieg im Mai zu Ende sein würde. Einige Wochen lang ging ich nicht mehr nach Versuta, weil auf den Straßen die Deutschen waren, die sich Richtung Grenze auf Tarvis zu bewegten und dabei die Vorräte der Bauern plünderten. Das Kriegsende verlebten wir voller Angst, da wir schon lange nichts mehr von Guido gehört hatten. Als wir in das halbzerstörte Casarsa zurückkehrten, nahm mich ein junger Partisan beiseite und sagte mir, daß er von Guidos Tod wisse. Ich sagte Pier Paolo nichts, obwohl er mit einem äußerst besorgten Blick um Aufschluß über jenes Gespräch bat. Die offizielle Nachricht von seinem Tod erreichte uns einige Zeit später, ließ aber Unklarheiten über den genauen Hergang bestehen. Guido und seine wenigen Genossen, die als Partisanen in den friaulischen Alpen gekämpft hatten, waren von jugoslawischen Partisanen und ihren italienischen Verbündeten, die für den Anschluß Friauls an Jugoslawien kämpften, ermordet worden. Die Familien in Versuta schickten ihre Jüngsten mit Mehl und Eiern zu Susanna. Es war üblich, den trauernden Familien solche Geschenke zu bringen.

Ich wage es nicht, über unsere Trauer zu sprechen, deren unendliches Ausmaß mir noch immer unbewältigbar erscheint.

30 Das Haus in Casarsa war noch monatelang unbewohnbar, und Susanna und Pier Paolo blieben in Versuta, wo sie aber in ein etwas größeres Haus umzogen. Dorthin folgte ihnen auch Carlo Alberto, als er aus der

Gefangenschaft in Kenia entlassen wurde. Erst zwei Jahre nach Kriegsende zogen sie wieder nach Casarsa.

Für viele unserer Freunde, die aus Friaul und von weiter weg zu uns kamen, wurde es zu einer Gewohnheit, am Bahnhof von Casarsa auszusteigen und auf einem bestimmten Weg durch die Felder zu uns zu wandern. Der Maler Zigaina wurde zu einem der eifrigsten Wanderer in unserer bäuerlichen Gegend, nachdem er zuvor seine Heimat, das nördliche Friaul, durchstreift und sich dabei Inspirationen für seine Malerei geholt hatte. Aus Mailand kam nach einer abenteuerlichen Reise Silvana Mauri zu uns. Sie war die erste, die die Arbeiten unserer Academiuta zu lesen bekam. Bewegt hörten wir das erste Urteil darüber an.

Als Pier Paolo eines Tages wieder einmal den „Canzoniere" Sabas aufschlug, entdeckte er ein sehr auffälliges Zeichen, das sein Vater mit Bleistift an den Rand eines Sonetts gesetzt hatte, das mit der Zeile „Mein Vater war für mich der Mörder" begann. Der unzugängliche und verzweifelte Carlo Alberto war ständig betrunken, häufig verfiel er in Schreianfälle, noch öfter aber verschloß er sich in ein bedrohliches Schweigen, das alle Winkel des Raumes erfüllte. Die Jahre in der Gefangenschaft hatten seinen Verfall beschleunigt. Susanna nahm seinen Zustand duldend hin, während Pier Paolo versuchte, sich ihm, so weit es möglich war, zu entziehen.

31 Schon in den ersten Monaten ihres Aufenthaltes in Versuta hatte Pier Paolo einen Jungen kennengelernt, der aus einer kinderreichen Bauernfamilie mit ein wenig Landbesitz stammte. T. hatte braune Haare und

lachende Augen; sein Rücken war leicht gekrümmt. Er verkörperte die Kraft und den Sanftmut der Bauernrasse in ihrer edelsten Form. Mit ihm und seinen Freunden gingen wir nach der Schule zu den mit Wasser gefüllten Bombentrichtern baden. Manchmal wagten wir uns auch wieder zum Tagliamento, wo sich zwischen den Trümmern der beiden zerstörten Brücken Wirbel bildeten. Wir gingen auch zu den Dorffesten nach San Giovanni, nahmen an Wanderungen und Prozessionen teil und besuchten Tanzveranstaltungen, die damals zum ersten Mal im Freien auf großen Tanzböden stattfanden, mit kleinen Orchestern, die ihr neues Repertoire von den Amerikanern übernommen hatten. T. spielte auch in unserem Theaterstück „Die Kinder und die Elfen mit" und sang im Chor, der von K., der mit uns befreundeten Geigerin, geleitet wurde. Wir zeigten unser Stück in den Pfarrsälen von San Giovanni und Casarsa.

Oft begleitete ich Pier Paolo und T. auf langen Spaziergängen, und einmal, als T. mit Grippe im Bett lag, besuchte ich ihn zu Hause. Als ich das Haus betrat, vermittelte sich mir ein Eindruck von Heiterkeit und Stärke, Eigenschaften, die in einer jahrhundertealten Form von Güte wurzelten, die untrennbar mit der Religiosität dieser Leute verbunden ist. Pier Paolo tat seine Zuneigung für T. deutlich und wiederholt kund, auch vor den Leuten aus dem Dorf; aber aus Scham oder Arglosigkeit nahm niemand davon Notiz.

T. war oft unter den Jungen, die sich in jugendlicher Begeisterung um Pier Paolo scharten. Der Altersunterschied war dabei nicht hinderlich, freudig erwarteten uns die Jungen bei den Dorffesten. Ich glaube, daß dies die glücklichsten Jahre im Leben Pier Paolos waren, denn ich erinnere mich an seinen Zustand ständiger Verliebtheit, den man von seinem Gesicht ablesen konnte. Selbst sein Vater, dieser finstere Geselle, wurde von all den Jungen, die ins Haus kamen, milde und tolerant gestimmt.

Ich habe mir heute vorgenommen, über die glücklichste Zeit meines Lebens zu schreiben. Sie ist in meiner Erinnerung untrennbar verbunden mit dem unschuldigen Glanz des Mondlichtes, das die Felder von V. bis San Giovanni überflutet. Von meiner ganzen Geschichte mit T. ist mir diese Zeit am wenigsten deutlich in Erinnerung geblieben. Ich weiß nicht mehr, ob diese abendlichen Spaziergänge vor oder nach dem Mai 1945 stattgefunden haben (ersterem widerspräche, daß ein solcher Glückszustand mit dem Schrecken des Krieges, der damals seinen Höhepunkt erreicht hatte, unvereinbar gewesen wäre; letzterem, daß ein solches Glück unmöglich gewesen wäre nach Guidos Tod). Ich weiß auch nicht mehr, ob wir oft spazierengegangen sind oder nicht mehr als drei, vier Mal ... Auf unserem Spaziergang, der uns zu den ersten Häusern von San Giovanni führte – wir gingen, eng aneinandergeschmiegt, T. hatte seinen Kopf an meine Schulter gelehnt –, symbolisierten wir ein Glück, das nicht vollkommen war, uns aber gerade deswegen mit um so größerem Enthusiasmus erfüllte. Wir waren beide im Bann unserer gegenseitigen Liebe: meine war wild, bewußt und unrein; seine, obwohl vollkommen rein und religiös, nicht weniger absolut. In ihm überwog zweifelsohne eine leidenschaftliche Zuneigung, durch die er mir vielleicht näher kam als ich ihm mit meinem Verlangen.

Dadurch wurde auch meine Leidenschaft geläutert. Ich hatte das Gefühl, an meiner Seite tatsächlich einen engelhaften Körper zu haben ... Nachdem er tagsüber auf den Feldern gearbeitet hatte, kam er am Abend mit seinen Schulheften zu mir; ich gab ihm ein wenig Unterricht; dann verließen wir das Haus ... wir spazierten ganz langsam die Straße entlang, die in bläuliches Licht getaucht war. Wir sprachen von unserer gemeinsamen Zukunft, von seinem Studium, von unserer Zuneigung, von allem aber mit einer solchen Innigkeit, daß selbst die einfachsten Sätze uns ergriffen und bezauberten. Er lauschte meinen Worten voller Hingabe. Er hatte nicht die geringsten Bedenken, er war erfüllt von einer grenzenlosen Freude, die nur von seiner Scham und seinen mit Lächeln getragenen Selbstzweifeln in Zaum gehalten wurde ... So gelangten wir allmählich zu den ersten Häusern von San Giovanni. Auf einer Brücke spielten ausgelassen einige Jungen, und von den Lauben her drangen die Gespräche der Frauen und jungen Leute, die deutlich widerhallten und dabei eine ekstatische Klangfarbe annahmen ... Wir flohen vor diesem belebten Ort und kehrten in die vom Mondlicht überfluteten Felder zurück, die wie in ein Tuch aus mattem Atlasstoff gehüllt, vor uns lagen ... Er war jeden Abend überglücklich und wiegte sich in der Illusion, daß ich von der Sünde befreit und ein für alle Mal erlöst würde und dabei dieselbe schmerzliche Süße verspürte wie in dem eben entflohenen Zustand der Sünde. Wir versetzten uns so in eine Welt der Hypothesen und Illusionen, die ihre Gültigkeit nur aus sich selbst bezogen, nur um des vollkommenen Glücksgefühls wegen, das sie uns im Moment vermittelten und nicht im Hinblick auf ihre mögliche Verwirklichung in der Zukunft. Normalerweise erschreckte mich der Gedanke an die Zukunft des Jungen. An jenen Abenden hingegen gab es für mich nur die Gegenwart: jenen Körper, der an meiner Seite dahinschritt, jene lichtüberfluteten Felder, jenen gewaltigen Mond aus längst vergangenen Zeiten. Unsere Liebe brach nunmehr ohne Zurückhaltung auf, im Schutz jener alles beherrschenden Gegenwart und jener unendlich süßen Beklemmung. Das Schicksal, das sich in meinem ganzen bisherigen Leben abgezeichnet hatte, hatte sich erfüllt ... Mein Altruismus gegenüber T. war einfach Dankbarkeit. Es war unfaßbar, aber er liebte mich tatsächlich. Wenn es auch keine bewußte und sinnliche Liebe war, so war es doch ein Gefühl, das sich von allen anderen unterschied und ihn in eine geheime und besondere Verbindung zu mir setzte und seinen Augen einen Glanz verlieh, den nur ich zu erkennen im Stande war ... Und doch muß ich ihn sehr lieben, wenn er der einzige Grund ist, weswegen ich auf alles verzichte und meine Tage in einem Dorf von zehn Häusern zubringe.

Heute nacht entdeckte ich, daß der schamloseste Eingriff in mein Privatleben begangen worden ist: mein Vater hat in meinen Papieren herumgekramt und dabei offensichtlich dieses Heft entdeckt und gelesen. Das paßt zu seinem Charakter, es verwundert mich keineswegs. Ich bin so sehr verletzt, daß ich nichts anderes tun kann, als diesen Eingriff zu ignorieren. Es stimmt, daß in diesen Tagen, nach dem Einschnitt, den Guidos Tod mit sich gebracht hat, im Leben meines Vaters und meiner Familie ein neues Kapitel beginnt. Mein Vater hat sicherlich nicht die nötige moralische Stärke, um mit seiner großen Enttäuschung über mich fertig zu werden. Meine Mutter hingegen, so glaube ich, liebt mich und ähnelt mir so sehr, daß ihr all das nur wie ein verhängnisvolles Schicksal erscheinen kann. Ich meinerseits betrachte alles von einem Standpunkt verzweifelten Wissens aus, was vielleicht Zynismus, vielleicht narzißtische Liebe sein mag, mich aber jedenfalls vor all dem, was von außen kommt, beschützt, sei es auch positiv oder angenehm, und mir eine seltsame, kindlich-zarte Ausstrahlung verleiht ... Ich habe ein absolutes Verlangen nach Aufrichtigkeit ... Ich habe mich gefragt, ob es nur das Verlangen nach Beichte ist, aber ich habe mir sagen müssen, daß es mehr ist. Sicherlich bleibt der Gedanke bestehen, mich zu befreien, auch vor den anderen.

Ich kann auch nicht mein Bestreben verleugnen, durch diese Aufrichtigkeit eine Lebensberechtigung zu erlangen. In erster Linie handelt es sich jedoch um ein Abstraktionsbedürfnis, um das Verlangen, in mir selbst Ordnung zu schaffen. Ich kann mir unter Reue, Schuld und Erlösung (noch) nichts Genaues vorstellen. Einzig unter Schicksal kann ich mir etwas vorstellen, aber auch nur, wie es auf verschlungenen Wegen unberechenbar vorwärtsschreitet. Nicht umsonst ruft mich dieses Heft in den unwirtlichsten Stunden, wenn in der ganzen Gegend nur mehr meine Lampe brennt.

Ich erbat ein wenig Liebe von ihm. Er war von dem Gedanken der Sünde entsetzt und begann wieder verzweifelt zu weinen ... Ich kniete vor ihn hin, umfaßte seine Hüften und beschwor ihn, sich wieder zu fassen, und ver-

sprach, daß ich ihn von nun an mehr wie einen Bruder lieben
würde ...

Seine Stimme ruft mich, ich sehe ihn vom Balkon aus:
sein Gesicht ist eingefallen, sein Blick melancholisch, unter
dem Arm hält er seine Hefte ... Während er auf mich wartet,
spielt er mit einigen Jungen im schmutzigen Hof. „Herr",
schreit es in mir, und ich weiß nicht, was ich ihm hinzufügen
könnte. Ich habe keine Zeit, darüber nachzudenken: ich muß
meine Bücher zurückstellen, aufstehen, die Treppen hin-
untergehen, ihn rufen, ihm Sätze zu übersetzen geben. Während er über sein vergilbtes Heft gebeugt ist, stehe ich vor
unserer Liebe wie vor einem unbesiegbaren Ungeheuer ...
über allem schwebt seine Unschuld, wie schneebedeckte
Berggipfel über der Ebene; diese Unschuld erscheint in
seinem Gesicht vor allem dann, wenn er über sich selbst
lächelt ...

Heute abend, nachdem er sich vier oder fünf Tage lang
nicht wohl gefühlt hatte, ist T. wieder zu mir gekommen. Er
ist abgemagert, müde, in eine neue Phase seiner Entwicklung
eingetreten. Schmerz und Angst lagen in seinen Augen, die in
dem abgemagerten Gesicht noch größer erschienen. Auch
sein Haar wirkte männlicher. Seine Veränderung geht mir
nicht so zu Herzen, wie das früher der Fall gewesen wäre. Er
hat seine Bücher genommen und ist wieder gegangen. Ich
machte mir nichts vor, ich wußte genau, daß ihm meine
Umarmungen und Küsse lästig waren. All das werde ich
jetzt sein lassen müssen ...

...Dann wurde T. krank, und ich war davon so
getroffen, daß mich zum ersten Mal wieder der Gedanke an
Gott quälte ...

...Diesen Monat lang hielt ich das Versprechen, das ich Gott gegeben hatte ...

...Ich war beinahe daran, jene Geste auszuführen, die sich immer bewußt in meiner Vorstellung einstellt, wenn ich an meine Sünde denke: die Geste meiner Hand, die sich gegen mich selbst erhebt.

...Meine Liebe zu T. hat eine weitere Veränderung erfahren ... Ich betrachte sie – mit der notwendigen Objektivität – immer noch als eine Sünde. In manchen Momenten habe ich Angst, nie aber Reue verspürt, Mitleid mit ihm, wegen seiner Zukunft, nie aber Reue. Schuldgefühle oder Bekehrung würden den Zusammenbruch meines ganzen bisherigen Lebens bedeuten, eine endgültige Krise. Ich verschiebe sie von einem Tag auf den anderen ...

...Auch in seinem Wesen finden sich Anzeichen einer Entwicklung zu einem eintönigeren und gewöhnlicheren Sein. Er hat unerklärliche und lästige Launen und Momente offensichtlicher Unaufrichtigkeit ... Aber wie soll man wissen, ob es sich dabei um eine natürliche Entwicklung zu einem gewöhnlichen und durchschnittlichen Menschsein handelt oder um eine Verstörung, die durch die von mir verschuldete, schreckliche Erfahrung ausgelöst wurde. Noch kann ich es nicht beurteilen, ich weiß nicht, was ich davon halten soll.

...Mit derselben Unmäßigkeit, mit der ich ihn geliebt habe, liebe ich ihn nun nicht mehr, besonders da unser Verhältnis noch weiter besteht ... Es sind nunmehr drei Jahre

vergangen, seitdem ich ihn zum ersten Mal auf der Brücke über die Viersa gesehen habe ... und mehr als ein Jahr, seitdem ich es zum ersten Mal gewagt habe, mir einzugestehen, daß ich ihn nicht mehr liebte ...

...Sein Wesen bleibt liebenswert: das beweist ein Kärtchen, das er aus Tarvis meiner Mutter (die ihn in Mathematik und Französisch unterrichtet) geschickt hat. Oft sage ich liebevoll und zärtlich die letzten Worte dieser Karte vor mich hin: je vous pense avec tendresse ...

...T. erinnerte sich plötzlich – ich weiß nicht, was in unserem Gespräch ihn darauf gebracht hatte – an den Tag seiner Firmung, als er beim Verlassen der Kirche die Bude mit den Süßigkeiten erblickte, die jedes Jahr am Tag der Madonna in San Giovanni aufgestellt wurde und er sich dort ein Colàs (eine Süßigkeit) kaufte. „Warum schreibst Du nicht ein Gedicht darüber?" fragte ich ihn. Er antwortete verwirrt, ich glaube, er sagte ungefähr folgendes: „Ich kann das nicht, ich bin dazu nicht fähig." Aber ich machte ihm Mut und sagte, daß er nach mir und meinem Cousin der beste Verfasser friaulischer Verse in ganz Friaul sein. Daraufhin mußten wir alle drei lachen. Aber ich hoffe, T. hatte verstanden, daß ich es ernst meinte: Firmung – Bude – Colàs.

32   Gleich nach Kriegsende nahm Pier Paolo, auf eigene Kosten, die Veröffentlichung der Zeitschrift der „Academiuta" wieder auf. Zwei Nummern erschienen noch unter dem Namen „Stroligut", die letzte Nummer kam als

„Quaderno romanzo" heraus. Er veröffentlichte auch drei Bändchen mit eigenen Gedichten. Von den „Gedichten"* erschienen neben der Normalausgabe noch einige Exemplare mit einem Anhang von drei Sonetten, die T. gewidmet waren. Sie waren wenigen Freunden vorbehalten, denn in ihnen kamen Liebesgefühle zum Ausdruck, die sich Pier Paolo bis dahin gescheut hatte, preiszugeben. Erst im „Tagebuch 1946/47"*, das allerdings nicht zur Veröffentlichung bestimmt war, gelang es ihm – vielleicht bestärkt durch die Lektüre Gides –, gewisse Themen in Angriff zu nehmen und Gefühle wie die oben erwähnten einzugestehen.

Ich weiß, daß diese Analyse meiner Vergangenheit zu persönlich ist, um so mehr, als sie eine äußerst verborgene Seite meines Wesens betrifft. (Aber darüber habe ich immer schon zu wenig gesprochen.)

Ein anderes Büchlein trug den Titel „Totenklage"* und handelte vom Tod unserer Großmutter. Pier Paolo hatte in ihrer Todesnacht – die ein letzter, müder Seufzer war – allein bei ihr gewacht und einige Porträts von ihr angefertigt. Schließlich erschienen noch die „Tagebücher"*.

Jedes Jahr organisierte die Philologische Gesellschaft Friauls eine Tagung, die mit einem Bankett endete. Wir versuchten, unsere Publikationen unter den geladenen Gästen zu verkaufen. Ihre Verbreitung in diversen Kreisen Udines erfolgte nicht ohne verächtliche Kritik von seiten der traditionsverhafteten Bewahrer des Dialekts, aber die neue, von Contini mit dem altehrwürdigen Namen „félibrige"* ausgezeichnete Poetik aus Casarsa war ein Banner, das jene Proteste entkräftete; und sie schickte sich bereits an, ihr Programm auf andere romanische Minderheitssprachen auszudehnen.

In den ersten Nachkriegsjahren schien Pier Paolo endgültig in Friaul Fuß gefaßt zu haben. Er nahm am gesellschaftlichen und politischen Leben teil und äußerte nie den Wunsch, wegzugehen, auch wenn die Einsamkeit von Versuta und das Versanden vieler Beziehungen das Entstehen von Krisen begünstigten.

Ich bin fünfundzwanzig ... und sehe noch immer wie ein Heranwachsender aus ... Wenn meine ewige Jugend eine Krankheit ist, so ist sie fürwahr eine sehr angenehme Krankheit. Das Hassenswerte daran ist die Kehrseite, das heißt mein gleichzeitiges Altsein, in anderen Worten die Gier, mit der ich als Jüngling die Stunden, die meinem Leben zugemessen sind, verschlinge, so daß ich mit dem ganzen Glanz und der Zartheit meiner Jugend in ein Stadium verfrühter Reife eingetreten bin. Eines Tages sagte ich mir, daß alle Menschen dieselbe Menge an Leben zugeteilt bekämen, und daß daher ich, der ich es mit größerer Gier als andere verschlinge, logischerweise ziemlich jung sterben müßte. Diese Strafe habe ich vielleicht wirklich erhalten, zwar nicht durch einen frühen Tod, aber durch ein Ungleichgewicht im ökonomischen System meines Lebens. Die gegenwärtige Gleichgültigkeit rührt von jenem Prozeß her, der sich selbst und das Leben zerstört. Die Erfahrung beschert mir eine Art von Tod: und ich bin in der Tat ziemlich jung. Wir schreiben das Jahr 1947, das Jahr, in dem die Natur für mich ihren Wert verlieren sollte. Ich sitze wieder einmal im Kiesbett des Tagliamento: vor mir die endlosen Schotterfelder mit ihren Sandadern, die einem trübblauen Horizont zustreben, um sich mit dem Himmel zu vereinen; um mich das Ufer mit seinem verdorrten Gras, dem Sand und den Pappeln ... All das ist nicht mehr geheimnisvoll genug, um mich noch in den Bann zu ziehen ... Von den verschiedenen Kirchtürmen, die sich überall im Umkreis von mehreren Kilometern entlang des Flusses erheben, tönt sonntägliches Glockengeläut, dessen Echo in dem unermeßlichen, in gleißendem Sonnenlicht daliegenden Kiesbett widerhallt. Früher hatte mich das erregt, jetzt nehme ich es nur mehr wahr, und es bedeutet mir nichts mehr. So fühle ich jetzt, nach so langem und unbedingtem Streben nach dem Absoluten, wie ich zu nichts anderem werde als zu einem „Fall": Der Ruhm, den ich auf einem sehr ausgeglichenen Bild von mir selbst errichten wollte, versandet in diesem Fluß aus Steinen ...

Lieber Leser, ich fühle mich nun, im Oktober 1947, frei von Zwängen, fast heidnisch ... Das stimmt nicht; ich bin nicht ohne Glauben oder unreligiös, ganz im Gegenteil, ich befinde mich in einer ständigen Glaubenskrise. Ich habe vor wenigen Tagen den letzten Teil eines Gedichtbandes, einen Abschnitt mit dem Titel „Eine Seele" beendet: ich teile darin den Engeln mit, daß ich in Frieden gelassen werden will, daß ich der ungestrafte, immer wieder rückfällige Schuldige bin, daß das Eingreifen Gottes, der sie schickt ... (im Original hier Leerraum, Anm.d.Ü.) und daß er deshalb, wenn ihm etwas an mir liegt, sich in mir fürchten lassen soll, und nicht in seinen Unschuldigen. Wenn er mir

schon so viel an Begeisterungsfähigkeit, an Leichtgläubig-
keit und Unnachgiebigkeit geschenkt hat, dann soll er mich
jetzt damit überraschen. Das Einzige, was ich wirklich
fürchte (denn meine Aufmerksamkeit ist allein auf etwas
anderes und nicht auf ihn gerichtet), ist, daß ich nach dem
Vergehen der gegenwärtigen Jugend und des gegenwärtigen
Glanzes die Verbindung zur Freude verlieren und meinen
schrecklichen Zwangsmechanismen ausgeliefert sein würde.
Das wäre für mich in diesem Leben der Dies irae und ich
würde von Gott einzig und allein mein Leben, meine Vergangenheit zurückerflehen. Wie auch immer, all das ist nur
zu dem einen Zweck geschrieben worden, eine Ermächtigung zu erhalten. Ich bat Gott um die Erlaubnis zu sündi-
gen.

Es wäre eine ungeheuerliche Naivität, wenn es nicht so
menschlich wäre. Ich bin es müde, so unumstößlich eine
Ausnahme, ein Vogelfreier zu sein. Nun denn, meine Freiheit habe ich gefunden, ich weiß, wie und wo sie ist; ich
weiß es, und das, seitdem ich fünfzehn bin, vielleicht schon
seit früher ... In der Entwicklung meiner Persönlichkeit und
meines Anderssein war ich meinem Alter weit voraus, und
mir ist es nicht so wie Gide ergangen, der in plötzlicher,
unerwarteter Bedrängnis aufschrie: „Ich bin anders als die
anderen!".

Ich habe es immer gewußt. Das, was ich jetzt suche,
ist vielleicht die Autorität oder, zumindest für den Augenblick, eine Ermächtigung. Insofern ja Gott alles verstehen
müßte, müßte er mir auch alles erklären können; wieviel
Mühe kostet es mich, es zu ergründen! Ich verzichte lieber
darauf, es mir zu erklären und mich noch weiterhin dafür zu

interessieren. Und so falle ich wieder zurück in die entsetz-
liche Plattheit des Lebens, wie jemand, der die unzähligen
Probleme des Lebens, nicht die äußerlichen, sondern die
inneren, im Zauber einer „anderen Form" löst, oder so wie
ich, eben indem er sein Leben in eine Legende verwandelt.
Ich würge also alle Fragen ab, ich bin, nach einem kurzen
Abstecher auf den Kalvarienberg, vom Garten Gethsemane
in den Blumengarten von Alcina gekommen, und hier fühle
ich mich wohl.

33 Durch unsere Freundschaften und Bekannt-
schaften, vor allem mit den jungen Bauern, und auf unseren
langen Radtouren durch das südliche Friaul und Venetien
hatten wir eine an Neuigkeiten reiche und schöne Welt kennengelernt, in der es aber auch Schattenseiten und Leid gab.
Die Bauern, denen während des Krieges durch den Verkauf
ihrer Produkte an bestimmte, in Not befindliche Frauen aus
Udine und Triest ein wenig Geld ins Haus gekommen war,
sahen sich nach dem Krieg neuerlich mit der Armut kon-
frontiert. Eines Tages sagte ein Junge zu uns: „Das ist mein
Padrone" und zeigte auf einen alten Herrn auf einem Fahrrad, der altmodische Bürgerkleidung trug. Er war ein Großgrundbesitzer, und alle seine Bauernhäuser hatten eine rote
Fassade und weiße Fensterumrahmungen; diese bunten
Häuser waren Symbol und sichtbarer Ausdruck seines
Besitzes.

In San Vito, in Ligugnana und in Gleris waren die
Bauern noch ärmer, und es gab viele arbeitslose Tagelöhner,
die sich in den Sektionen der kommunistischen Partei zusam-
menfanden. Um unsere Freunde zu treffen, betraten wir oft

jene Räume, wo alte Kommunisten mit den jüngeren diskutierten.

34 Das Haus in Casarsa war wieder aufgebaut worden, und wir lebten inmitten eines Schutt- und Trümmerhaufens, der jedoch täglich kleiner wurde, denn man baute auch die anderen Häuser wieder auf. Ende 1947 zogen die Pasolinis wieder zu uns, und Pier Paolo bemalte zusammen mit De Rocco die Wände seines Zimmers mit roten und blauen Streifen. An einer Seite unseres Hauses, wo früher der Gemüsegarten gewesen war, wurde ein einstökkiger Anbau mit einem großen Zimmer errichtet, in dem ein friaulischer Kamin stand, dessen schmiedeeiserner Feuerbock das einzige Überbleibsel aus unserem alten Haus war. Dieses Zimmer wurde zum Sitz unserer „Academiuta" bestimmt. Das Geld für den Anbau hatte Pier Paolos Vater vorgestreckt. Ricco malte auf den Rauchabzug das Symbol der „Academiuta", ein Büschel Feldsalat, die bescheidene „myrica" der Wiesen Friauls.

35 Wir verbrachten den Sommer am Parkersee. Jeden Tag fuhren wir nach Ramuscello, von wo wir über einen steinigen Abhang an den Rand einer alten, sehr tiefen und großen Schottergrube, die mit kühlem Wasser gefüllt war, gelangten.
Auch unser Freundeskreis war nicht mehr derselbe, wir hatten unsere Freunde unter den Bauernjungen, die ständig auf den Feldern arbeiten mußten, ein wenig aus den Augen verloren. Wir badeten nun mit anderen Jungen, die oft nicht zur Arbeit in die Werkstätten gingen oder über-

haupt arbeitslos waren. Am Abend besuchten wir die Tanzfeste in den umliegenden Dörfern. Um uns hatte sich eine Gruppe treuer Festbesucher gebildet, die durch neue, elegante Trikots in allen Farben hervorstachen. Bei den Tanzböden, über denen bunte Glühbirnen hingen, erwarteten uns, in kleinen Gruppen beisammenstehend, die Mädchen, während das Orchester auf der Tribüne die neuen Tänze einstudierte. Die freundschaftliche Liebe zu den Jungen, die auch einige Züge schmerzlicher Leidenschaft in sich trug, gehörte zum Glücksgefühl jenes Sommers, des Kriegsendes, zur Freude an einem unbeschwerten Jungsein. Nachdem der Ball, der zwischen ihnen und den äußerst schüchternen Mädchen zärtliche Spannungen hatte entstehen lassen, zu Ende war, blieben wir noch mit einigen anderen bei einem Gläschen im Freien sitzen, während die Nacht über den umliegenden Feldern aufklarte. Es waren die Nächte, in denen wir auf dem Heimweg, wenn die Kälte unsere Trunkenheit noch gesteigert hatte, jene „mechanischen Bewegungen" vollführten, über die wir haltlos lachen mußten.

An einem Herbsttag in Malfiesta, einem flußabwärts gelegenen Dorf, lud uns ein Freund, den wir eben erst kennengelernt hatten, in seine Küche ein, damit wir uns etwas aufwärmen konnten. Im Kamin zirpte eine Grille. Als wir mit dem Fahrrad die fünfundzwanzig Kilometer durch Felder und verlassene Dörfer heimfuhren, sagte Pier Paolo im Scherz, daß wir nie mehr so glücklich sein würden und deshalb ins Flußbett hinuntersteigen und uns die Adern aufschneiden sollten.

36   1948 beteiligten wir uns am Wahlkampf der

Volksfront. Pier Paolo war nach längerem Hin und Her der kommunistischen Partei beigetreten und Sekretär der Ortsgruppe von San Giovanni geworden. Auch deswegen veränderte sich unser Freundeskreis stark, denn die Bauern waren alle katholisch, zwar nicht bis zur Intoleranz, aber doch von der Gedankenwelt des Kommunismus weit entfernt. Wir verbrachten nun die Abende in den verstaubten Parteilokalen in Gesprächen mit den alten Kommunisten, während die jungen schweigend und begeistert zuhörten. Es war eine kurze Epoche, die ganz im Zeichen jener Tagelöhner stand, die Versammlungen und Umzüge veranstalteten und eines Tages das Haus eines reichen Grundbesitzers besetzten, aber nach ein paar Stunden davongejagt und eingesperrt wurden. Ich weiß nicht mehr, welche Illusionen wir uns gemacht hatten, aber der Ausgang jener Wahlen war für uns alle eine persönliche Niederlage.

37   Hin und wieder verschwanden einige unserer Freunde. Es gab welche, die einige Monate zuvor nach Jugoslawien gegangen waren, um mit den Genossen zu arbeiten, dann aber ausgehungert und mit schlechten Erfahrungen zurückkehrten. Wer jetzt wegfuhr, ging nach Australien, mit seinen Schwestern, der Verlobten oder der ganzen Familie. Jede Abreise wurde gefeiert, und wir begleiteten die Auswanderer im Zug bis Pordenone, und mancher von ihnen blickte mit Tränen in den Augen aus dem Abteilfenster.

38   Wieder lockten uns an den Abenden die Dorffeste, und mit dem nächsten Sommer kehrten wir zum

Tagliamento zurück, aber weiter flußabwärts, wo man aus ziemlich großer Höhe von einem Sprungbrett aus Schlamm und Steinen in das tiefe Wasser springen konnte. Die Jungen dort waren viel roher und weniger verspielt, und so erlebten wir einen weniger sanften, etwas rauheren Sommer. Über unseren Ausflügen zum Tagliamento schwebte oft etwas Bedrohliches.

Pier Paolo, der abergläubisch war, zeigte mir eines Tages eine tote Katze auf der Straße und sagte mir, daß dies das Symbol unseres Sommers sei. Durch seine politische Betätigung waren ihm Feindseligkeiten erwachsen, und wir waren nicht mehr so frei und ungebunden wie ehedem. Wir erhielten Warnungen und versteckte Drohungen. Nachdem die Katholiken aus Udine vergeblich gehofft hatten, ihn zu ihrem Verbündeten zu machen, sahen sie nun eine Möglichkeit, ihn als Gegner kaltzustellen. Pier Paolo hatte begonnen, in einer Hauptschule in einem Dorf nahe Casarsa zu unterrichten.

Er schrieb in den Lokalzeitungen, auch über Politik, und sprach manchmal auf Versammlungen. Die Freundschaft und seine große Zuneigung zu den armen Leuten, seine Bekanntheit auf literarischem Gebiet, die polemische Klarheit seiner politischen Aussagen und insbesondere der Umstand, daß er ein echter Kenner des friaulischen Volkes war, hatten ihm neue Bereiche erschlossen.

39 An einem der unzähligen Sommerabende, die wir mit nächtlichen Ausflügen und Bällen im Freien verbrachten, geschah etwas, das schon viele andere Male zuvor ebenso geschehen war, im Schutz der Natur und in der

Gunst des Augenblicks. Pier Paolo verschwand mit einigen Jungen im Dunkeln, aber die Atmosphäre unserer Feste war bereits vergiftet von dem Verdacht, daß man uns nachspionierte. Wenige Tage danach wurde Pier Paolo angezeigt. Die Bestrafung, die er schon so oft angstvoll vorausgeahnt hatte, war gleichsam das logische Ende jenes unvorsichtigen und verworrenen Sommers. In Casarsa bildete sich eine Mauer des Schweigens um uns, nicht aus Entrüstung oder weil man ihn verurteilte, sondern aus Mitleid. Diejenigen, die sich entrüsteten oder so taten, waren die üblichen Politiker, auch Kommunisten, und ein paar lächerliche Intellektuelle.

40 Pier Paolo reagierte mit der „Weisheit der Verzweiflung". Seine einzige Sorge war die, seine Mutter zu schützen, ansonsten betrachtete er seinen Ruin mit Ironie, denn wie so oft war auch jener Skandal eine völlig einfallslose Intrige gewesen. Was ihn hingegen mehr beschäftigte, war, daß er die Reaktionen der Vertreter der Macht, mit denen er in engen und vielfältigen Beziehungen stand, ertragen mußte. Was in ihm selbst vorging, kam kaum zum Ausdruck oder sollte jedenfalls erst viel später deutlich werden. Vielleicht, so dachten wir, hätte er weggehen sollen, aber er wußte auch nicht, wie und wohin, und vielleicht war es auch besser, zu bleiben und zu hoffen, daß ihm seine Lehrerstelle nicht genommen würde. Als er sich dann entschloß, wegzugehen, zu fliehen, hatte er eine Zeitlang keinerlei Gefühl für Friaul, keine Erinnerung, weder Trauer noch Groll. Seine Zeit in Friaul war *epoché*, wurde dann zum Mythos, dann zur Geschichte und schließlich, in „Der Traum von einer Sache" und „Die bessere Jugend"*, zur Dichtung.

41 Es gab Verhöre mit Polizisten, Rechtsanwälten und Justizbeamten und ein ständiges Hin und Her zwischen Casarsa und San Vito. Es kam auch zu unglaublichen Lokalterminen in der Umgebung von Ramuscello. Die Bauern waren ungehalten und meinten, Pier Paolo sei immer ein anständiger Mensch gewesen. Auf nachhaltiges Drängen hin versprachen schließlich die Politiker Pier Paolo Schutz, da er ja nicht einmal mehr als Feind in Betracht kam. Ich begab mich mit einem Anwalt zu den einzelnen Eltern, um sie zu einer Zurücknahme ihrer Anzeigen zu bewegen. Zigaina und Bartolini (im Unterschied zu vielen anderen befreundeten Intellektuellen) besuchten uns oft in Casarsa und brachten etwas Abwechslung in unser eintöniges Leben. Das neue Schuljahr hatte begonnen, und ein anderer Lehrer hatte Pier Paolos Platz in der kleinen Schule von Valvasone eingenommen, aber die Eltern seiner Schüler schrieben wegen seiner Entlassung Protestbriefe nach Udine.

42 Es kam der Winter 1949. Pier Paolo arbeitete viel an seinen Büchern, und nur am Samstag und Sonntag gönnten wir uns etwas Abwechslung; dann fuhren wir mit dem Zug in entferntere Orte, in kleine Städte Venetiens, um dort ein wenig in der Anonymität unterzutauchen. Unsere Freunde waren weggegangen oder erwachsen geworden, durch die beschämenden Vorfälle war ihre Zuneigung gedämpft, aber nicht erloschen, und die bäuerliche Welt erschien uns wieder hart und verschlossen. Pier Paolo quälte auch der Gedanke an seine Arbeitslosigkeit und die neuerliche finanzielle Abhängigkeit von seinem Vater. Die Anfälle von Verfolgungswahn, unter denen Carlo litt, wurden immer häufiger und schwerer. Tagsüber war er fast immer in Wirtshäusern zu finden, wo er trank. Er verlor sich immer mehr in eine von Zwangsvorstellungen erfüllte Einsamkeit, in der er den Skandal um Pier Paolo fast als Erleichterung erlebte, da dies eine der wenigen „objektiven" Tatsachen war, die ihm zugestoßen waren. Nachts brüllte er stundenlang allein in seinem Zimmer mit einer Stimme, der man die Trunkenheit anmerkte, in einem völlig absurden militärischen Tonfall; jeden von uns zitierte er abwechselnd vor sein wütendes Gericht.

43   Pier Paolo traf sich oft mit einem Mädchen aus S. Sie plauderten stundenlang, an ihre Fahrräder gelehnt, und auf den Tanzveranstaltungen drehten sie sich leidenschaftlich im Kreis. Die Augen des Mädchens glänzten vor glücklicher Erregung, ihre Liebe zu Pier Paolo war die Blütezeit ihres Lebens. Von all den Frauen um Pier Paolo hegte dieses Mädchen mit der größten Selbstverständlichkeit Hoffnung auf Erwiderung ihrer Liebe, und vielleicht wäre sie sogar, aus unerklärlichen Gründen, erhört worden. Als ich sie an dem Tag, an dem die Nachricht über die Anzeige in den Zeitungen erschienen war, besuchte, saß sie auf dem Küchentisch und weinte. Sie konnte es nicht fassen und blickte um sich wie ein verwundetes Kätzchen.

In den folgenden Tagen ging auch Pier Paolo zu ihr, um mit ihr zu sprechen. Sie ließ sich nichts von ihrem großen Schmerz anmerken und bot uns ihre Hilfe an. Ihre Liebe überdauerte jene schrecklichen Tage, und auch nachdem Pier Paolo weggegangen war, schrieben sie einander noch jahrelang. Aber mit der Zeit verblaßte das Bild jenes furchtlosen und fröhlichen Mädchens wie das Friauls, das sich immer weiter entfernte, in „nicht mehr irdische Sphären". Wie eine Romanheldin hat sie in der Folge ihrem Leben einen scheinbar normalen Verlauf gegeben und geheiratet, in Wirklichkeit aber aus jener Liebe gelebt, die wie ein ständig wiederkehrender Traum in ihr verblieben war, der mit jedem Erwachen von neuem zunichte gemacht wurde.

44 Nach der Silvesterfeier des Jahres 1949 beschlossen Pier Paolo und Susanna, abzureisen. Es war zu einer letzten, schrecklichen Szene zwischen Vater und Sohn gekommen, von der wir alle noch tagelang ziemlich betroffen waren. Niemand ahnte etwas von ihrer bevorstehenden Flucht, erst am Vorabend der Abreise sagte mir Pier Paolo, daß sie am nächsten Morgen in aller Frühe den Zug nach Rom nehmen würden. Ich begleitete sie zum Bahnhof und trug einen ihrer beiden Koffer. Susanna trug ihren eleganten, pelzgesäumten Mantel und ein Paar schwarzer, glänzender Gummistiefeletten. Sie war anschmiegsam und fröhlich wie ein kleines Mädchen, das zum ersten Mal mit dem Zug fährt, und Pier Paolo hielt sie in seinen Armen, um sie vor der Kälte zu schützen.

PS.: Ich habe zu erwähnen vergessen, daß eine große *vis comica* die geschilderten Ereignisse begleitet hat. Mit Pier Paolo zu lachen, bedeutete, sich auf das Leben vorzubereiten, und, jenseits aller seiner hassenswerten Seiten, seinen lieblichen und heiligen poetischen Zauber zu entdecken. Es war wie ein festliches Ostern in Casarsa.

Pasolinis Grab

Attilio war siebzehn Jahre alt und arbeitete in einem Lebensmittelladen. Im Sommer kam er manchmal zu dem kleinen See hinter der Eisenbahntrasse, zu dem wir jeden Tag baden fuhren.

Inmitten von sumpfigem und ausgebaggertem Gelände hatte sich dort in einer tiefen Grube Grundwasser gesammelt; ringsum stand Schilfrohr, das schon beim geringsten Windhauch zitterte. Kleine Fliegen, Schmetterlinge, Nachtfalter, Libellen, Kaulquappen und anderes Getier in und auf dem Wasser bevölkerten jenen heiteren und quirrligen Ort. Man erreichte ihn über schmale, unsichere Pfade, auf denen da und dort fliegenbedeckter Kot lag: und das Surren dieser Fliegen war das Geräusch des Sommers.

An manchen Tagen füllte sich der kleine See mit Jungen, unter ihnen auch Bauernsöhne, die zu dieser Jahreszeit eigentlich auf den Feldern hätten arbeiten sollen. An anderen Tagen blieb der Platz verlassen; nur die Frösche sprangen ins Wasser, und der Wind rauschte in der Stille.

Wenn Attilio zum See kam, dann legte er sich mit einer Gruppe älterer Jungen auf das einzige mit Gras bedeckte Ufer, um sich zu sonnen und zu rauchen. Und wenn sie dann aufstanden, konnte man die Abdrücke der Grashalme auf ihren Beinen und am Rücken sehen. Das Wasser des Sees lud nicht immer zum Schwimmen ein. Das änderte sich, als man eines Tages aus Steinen und grasbewachsenen Erdschollen ein Sprungbrett errichtete, von wo dann einer nach dem anderen in das Wasser sprang. Aber es war auch einer der heißesten Tage, an dem die Luft nur in Bewegung geriet, wenn ein Zug vorbeifuhr.

Ende August wird die Luft klarer, und einige Stunden am Tag ist es heiß wie im Hochsommer.

An einem jener Nachmittage – das Ufer war noch leer – war Attilio gleich nach dem Mittagessen zum See gekommen. Er hatte sich in der Nähe des Baumes, an dem sein Fahrrad lehnte, entkleidet und war sofort im nahen Wäldchen verschwunden, und das nicht ohne Grund!

Er tauchte hinter meinem Rücken auf und fragte mich, ob das Wasser kalt sei. Dann ging er bis zu den Hüften hinein. Er war schlank, im Unterschied zu den anderen Bauernburschen, die in jenem Alter schon einen sehr kräftigen Körper hatten. An jenem Tag war das Wasser nicht besonders einladend. Von einer Wolke kleiner Mücken verfolgt, stieg er wieder heraus und streckte sich auf einem kleinen, hinter Büschen verborgenen Wiesenstück aus. Ob er schlief? Nein, ab und zu plumpste ein Stein ins Wasser, den er von seinem Platz aus geworfen hatte. Er rief nach mir, aber vielleicht war es nur Einbildung oder der Schrei eines vorbeifliegenden Vogels gewesen. Ich stand auf und legte mich neben ihn.

Der Nachmittag war in seine stillste Stunde eingetaucht; kein Windhauch war zu spüren, nur manchmal machte ein Tier durch einen Flügelschlag oder einen Schrei auf sich aufmerksam. Attilios Stimme und sein Schweigen brachte die Luft zum Zittern. Ich konnte dem nur die Erinnerung an ferne und nahe Augenblicke der Verzauberung, die ich für mich allein erlebt hatte, entgegenhalten; oder vielleicht die bevorzugten Plätze: die Maisfelder, in denen die Natur eine innige Einsamkeit erzeugt, der muffige Geruch der Erde an den Stellen, wo die Sonne nicht hinfällt, ein fast greifbares und doch entschwindendes Bild, wie eine zärtliche Liebkosung der Luft, bis dann das Sperma auf den Boden spritzt und die Ameisen sich neugierig darauf zubewegen. Attilio lag neben mir, nicht mehr auf dem Rücken, sondern auf der Seite, und etwas berührte mich, ein Zweig vielleicht oder eine Hand.

Wenn die kühle Jahreszeit anbrach, zogen sich die Tierchen des kleinen Sees in ihre Höhlen zurück oder starben. Nur vereinzelt leuchteten noch die durchsichtigen Flügel einer Libelle auf, und dann verließen auch für dieses Jahr die Badegäste den See.

Jetzt, da der Sommer vorbei war, da es die Verstecke im Schilfrohr mit ihrer spontanen Liebe, die gleich darauf im Wasser des Sees abgewaschen wurde, nicht mehr gab, würde ich Attilio nicht mehr wiedersehen. Und doch traf ich ihn manchmal im Sonntagsgewand mit seinen Freunden.

Eines Tages pfiff er mir nach; ich begann, mit dem Fahrrad Kreise um ihn zu ziehen, während er eilig dahinschritt und einen Schlüssel in der Hand hielt, so als wollte er ihn mir zeigen. Er betrat ein abseits gelegenes Gebäude, in dem sich der Backofen des Lebensmittelladens befand, und ließ die Tür angelehnt.

Ich war vierzehn, und mein feuerrotes Fahrrad war ein Geschenk meiner Mutter. Das surrende Kreisen der Pedale und das Aufblitzen der sich drehenden Speichen waren wie seine Liebkosungen, die überall gegenwärtig waren und mir sein Glück mitteilten.

Attilio hat ein Lächeln auf seinen Lippen. Es muß Winter sein, da er einen Mantel mit hochgeschlagenem Kragen trägt oder – man kann es nicht genau erkennen – einen Schal um den Hals. Vor seinem lächelnden Gesicht liegt ein Rasenstück, dessen kräftige Farbe an Smaragdgrün erinnert; und über dem Friedhof steht unbeweglich die Sonne, die scharfe Schatten darauf wirft.

Auf der Suche nach einem anderen Gesicht habe ich zufällig seine Photographie entdeckt, und jetzt betrachte ich die beiden Gesichter in ihren Marmorrahmen.

Manche Sonnenuntergänge in Casarsa lassen die Berge näherrücken und zu einer dunkelblauen Schattenlinie werden, hinter der sich ein Licht ausbreitet, in dem sich die Grenzen zwischen Himmel und Erde auflösen. Im Leuchten dieser Abendstunde erhellt sich das starre Lächeln der beiden Gesichter.

Es war Krieg, und die Züge kamen mit großer Verspätung an. Manchmal blieben sie auch mitten in den Feldern stehen. Im Dunkel der Bahnhofshalle berührte mich Attilio. Auch die Straßen waren verdunkelt, und man konnte nur ein Gewirr von mehr oder weniger deutlichen Schatten wahrnehmen.

Das einzige Licht, das durch die großen Bögen des Heubodens, auf den ich mit Attilio geklettert war, fiel, kam von dem kalten, nächtlichen Himmel, aber in dem Lager, das wir uns bereitet hatten, herrschte die feuchte Wärme des gärenden Heues.

In der Nacht sangen die deutschen Soldaten neapolitanische Lieder, kamen in die Küchen, um sich auszuruhen, streckten die Beine zum Kamin hin und zogen sich die Stiefel aus. Die Anstrengungen des Krieges hatte sie zugänglicher gemacht.

In jenem Winter wurden viele Häuser zerstört. Die Flugzeuge kamen vom Meer und hinterließen am Himmel Leuchtspuren, und das darauffolgende Donnern ließ alle erzittern, die noch am Leben waren und angsterfüllt den Atem anhielten. In den Ställen zerrten die Kühe an ihren Ketten, und selbst die Hühner verstummten im Bombenhagel.

Attilio hatte begonnen, für die Deutschen zu arbeiten. Jeden Morgen bestieg er im Tarnanzug einen Lastwagen, auf dem schon die Soldaten mit ihren Maschinenpistolen saßen. Ich stellte mir vor, wie sich ihre Blicke trafen, während sie einer neben dem anderen saßen. Ich schrieb ihm ein Kärtchen, daß ich beim Bahnübergang, dort, wo eine steile Böschung in einen dunklen Graben hinunterführte, auf ihn warten würde. Am Tag danach – er mochte meine Mitteilung gelesen haben oder nicht – stieg er bei der Rückfahrt aus dem Wald, wo er Bäume gefällt hatte, vom Lastwagen. Ihm folgte mit einem Sprung ein deutscher Freund. Wenn er die Nachricht gelesen hatte, überlegte er vielleicht, wie er zum Bahnübergang gelangen könnte. So hätte sich, wie schon andere Male auch, sein Gefühl im kurzen Festhalten von etwas, das entschwinden wollte, geäußert, und ein einziger, kurzer Gruß wäre diesem Entschwinden vorausgegangen.

Oder vielleicht hatte er die Nachricht gelesen, sie aber bereits vergessen, als er vom Lastwagen glitt und auf den blonden Schopf des jungen Deutschen blickte, der neben ihm aufsprang. In diesem Augenblick schlug dem Soldaten die umgehängte Maschinenpistole an den Schenkel und aus seiner Mündung stob eine Garbe glänzender Patronen; eine davon durchbohrte Attilio. Im Fallen sah er vielleicht noch über seinem Gesicht die beiden blauen Augensterne des jungen Soldaten, und vielleicht erschienen sie ihm wie ein letzter Glanz des Himmels.

Das Geknatter der Maschinenpistole hörte man am Ende des Grabens unterhalb der Böschung, aber es wurde für eines der vielen Geräusche gehalten, die der Krieg mit sich brachte.

Als dreißig Jahre später auch Attilios Mutter starb, wurden ihre Gebeine mit denen ihres Sohnes in einem gemeinsamen Grab vereinigt, auf dem man heute ihre Photographien sehen kann. Darunter befindet sich eine andere, aus einer Illustrierten ausgeschnittene Photographie, die den lächelnden Pier Paolo zeigt. Und davor breitet sich der smaragdgrüne Rasen aus.

PS.: Für einige Zeit wurde der Holzsarg, der die sterblichen Überreste Pasolinis enthält, in einer Grabnische der Friedhofsmauer im nordöstlichen Teil des Friedhofes von Casarsa aufbewahrt. Später wurde er in der Nähe des Haupteingangs, auf der linken Seite, wenn man den Friedhof betritt, versenkt. Neben ihm ruht seine Mutter Susanna Colussi und wenige Schritte davon entfernt, in der Gräberreihe davor, Giannina Colussi, ihre Schwester.

GESPRÄCH MIT ANDREA ZANZOTTO

„Pasolini, Academiuta de lenga furlana, Nico Naldini ..."

(Dieses Gespräch führte Amedeo Giacomini am 3. September 1984 in Pieve di Soligo)

G.: Welche Bedeutung hatte, Deiner Meinung nach, das casarsische Experiment der „Academiuta di lenga furlana" für die italienische Nachkriegslyrik und für Pasolini selbst?

Z.: Es war ein Ereignis von grundlegender Bedeutung, auch wenn es sich erst im nachhinein als solches entpuppte. Nämlich erst nachdem auch außerhalb Fr=auls die Zeitungen darüber zu berichten begannen, wurden seine Auswirkungen spürbar. Man begriff sofort, daß es sich um ein außergewöhnliches Experiment handelte, das, wie ich meine, mit nichts vergleichbar war, denn es war noch nie vorgekommen, daß ein Dichter, noch dazu in so jungen Jahren, um sich eine Gruppe von Schülern geschart und mit ihnen einen Plan für den Unterricht und kollektives Lernen erarbeitet hatte. Denn Pasolini lernte auch von seinen Schülern. Diese sprachen nämlich Friaulisch und repräsentierten, mehr noch als die Familie, mehr noch als selbst die Mutter, die Sprachwelt, aus der sich die Lyrik Pasolinis jener Jahre nährt. Mit ihnen zu leben und zu sprechen, bedeutete also für Pasolini die größtmögliche Fühlungnahme mit dem Dialekt der *Entourage* und somit ein kontinuierliches Erlernen und Vertiefen jener sprachlichen Wirklichkeit. Für die Jungen wiederum war es eine äußerst lebendige Erfahrung von Kultur und ein Akt der Bewußtwerdung. Es handelt sich also um eine beinah ideale pädagogische Initiative, die einerseits einen vollkommenen Austausch zwischen Lehrer und Schüler ermöglichte, andererseits eine völlige Eingliederung in die Umgebung bedeutete und somit jene bereits in der Renaissance mehrmals erwogene Möglichkeit von Schule realisierte, in der es keinen zeitlich begrenzten Unterricht gibt und die beinahe schon ein Zusammenleben von Lehrern und Schülern mit sich bringt... Die Natürlichkeit dieser Verbindung, die physische Vitalität des Landes und seiner Bewohner, einer Landschaft, in der sich die Menschen wie engelhafte und zugleich doch ganz diesseitige Wesen bewegen, dieses Miteinandersprechen und gemeinsame Vertiefen der Erfahrungen (Pasolini bezog daraus natürlich starke Anregungen für sein Selbstverständnis ...) haben eben zu jenem unvergleichlichen Phänomen geführt.

Im schulischen Bereich lassen sich Experimente dieser Art wohl finden, doch keines davon hat wie dasjenige Pasolinis auch literarische Bedeutung erlangt. Und gerade dieser Unterschied macht die Orginalität der „Academiuta" aus. Daraus ist in der Folge die hochrangige Lyrikwerkstatt

Pasolinis hervorgegangen, deren Programm den Bruch mit dem Hermetismus beinhaltet, der damals bereits Tradition war ...

G.: Welches war der tiefere Sinn von Pasolinis Unternehmung?

Z.: Ich würde sagen, daß er eben in dem konsequent durchgeführten, für unser kulturelles Klima undenkbaren Bruch mit der Tradition bestand. Ich könnte keine andere literarische Persönlichkeit nennen, die Gleichartiges unternommen hätte, nicht einmal in einer solchen Ausnahmesituation wie der des Krieges ...
Die „Academiuta" wurde, abgesehen davon, daß sie eine beachtliche Leistung auf pädagogischem Gebiet darstellte und in ihrem Tiefgang ihrer Zeit weit voraus war, in gewissem Sinn zu einem „Forum", in dem die Suche nach einer sprachlichen und kulturellen Identität auch zu politischem Bewußtsein führte ... Im Umfeld der „Academiuta" kann man das Entstehen einer Reihe von Phänomenen beobachten, die sowohl für das kulturelle Leben als auch für die Entwicklung Pasolinis selbst von Bedeutung sind: er lebt hier eine Situation des Übergangs, des kulturellen Wandels und nimmt in der Begegnung mit einer bäuerlichen Realität alte Modelle wieder auf. Das hätte auch ein Weiterführen der Tradition, die von Leopardi bis Pascoli führte, sein können. Sein Interesse galt besonders jenen Gedichten Pascolis, die die ländliche Umgebung und das Leben der Bauern zum Inhalt haben, die höchsten „Dialektanteile" aufweisen und die selbst den Vogelsang im Dialekt wiedergeben. Gleich-

zeitig erarbeitete er einen ersten Nukleus von Gedichten: in Italienisch und in verschiedenen Dialekten. Die Betonung liegt auf „verschiedenen": das darf auf keinen Fall übersehen werden. Die Einbeziehung verschiedener Dialekte (auch der Pordenones, Caorles und des venetischen Raumes zum Beispiel) zeugt von dem tiefgreifenden Interesse Pasolinis für die Sprachen, von seiner Auffassung von „Philologie" im etymologischen Sinn des Wortes: als Liebe zu den Sprachen als solche. In diesem Rahmen kann man bei ihm eine Ausweitung seines Konzepts von der Pluralität der Dialekte auf den gesamten romanischen Sprachraum beobachten. Er schrieb in den verschiedenen Dialekten Friauls (aber auch in Katalanisch und Kastilisch ...) und vollbrachte damit zugleich für Friaul als Nation einen ethnischen Identifikationsprozeß ... Das erforderte von ihm die gewaltige Anstrengung, sich ständig auf Neues einstellen zu müssen, denn was er an Hintergrundlektüre – an traumatischer Lektüre – und an „Kulturschocks" auf sich nahm, war ungeheuerlich. Er setzte sich mit allen schriftlichen und darüber hinaus zugänglichen Quellen auseinander, meist mit jener ihm eigenen außergewöhnlichen Sprachsicht, die einerseits eben auf dem Auffinden des mütterlich-dörflichen Ursprungs basierte, andererseits aber auch auf einem allgemeinen sprachlichen Fundament aufbaut, jenem – wie ich meine – des gesamten romanischen Raumes ...

G.: Meiner Meinung nach bestand das literarische Problem jener Zeit darin, auf irgendeine Weise eine Gegenposition zum Hermetismus* und seiner Tradition zu finden. Welche Haltung nahm Pasolini ein?

Z.: Er hat einen entschiedenen Bruch, eine wirkliche Abkehr vollzogen. Gewisse hermetische Elemente blieben zwar bestehen, allerdings wie durch die Schule Leopardis modifiziert (so kommen zum Beispiel der Sinn für die beinahe abstrakte Reinheit der Landschaft, die Vorliebe für gewisse Lichtverhältnisse und eine gewisse „preziöse" Wortwahl von der „poésie pure"). Die totale Abkehr allerdings manifestiert sich in jener Vertrauensgeste, mit der er sich den Menschen und der Erde Friauls zugehörig erklärt, eine in der Welt des Hermetismus unmögliche Geste. Wer zu jener Zeit „hermetisch" schrieb, befand sich in völliger Opposition zu jedem, der in irgendeinem Dialekt zu schreiben gedachte. Noventa, der bedeutendste Dialektdichter jener Zeit, befand sich seinerseits auf totalem Konfrontationskurs gegen die Hochsprache. Obwohl die Dichter im Umfeld des Hermetismus alle aus einer mehr oder weniger regional bestimmten Realität kamen, dachten sie nicht einmal im Traum daran, sich der zentralisierenden Sogwirkung der Hochsprache zu entziehen, im Gegenteil, ihr Ziel war der Mythos eines als rein und ahistorisch begriffenen Hochitalienisch ...

G.: Es handelt sich also wieder um das altbekannte Problem des petrarkischen Monolinguismus. Ich habe jedoch den Eindruck, daß es auch im Pasolini der friaulischen Gedichte wiederkehrt. Denn was anderes als eine Hinwendung zum Monolinguismus war seine Adoption des Casarsischen, der Sprache der Mutter, und das Postulat derselben als Sprache der Mütter?

Z.: Wenn man so will, ja. Für das Friaulische könnte

man sein Unternehmen als petrarkisch definieren. Es war petrarkisch im Sinne der Notwendigkeit einer nationalen Identifikation, denn wenn man behaupten will: „Es gibt eine friaulische Volksgruppe", dann muß man zwangsläufig auch ein friaulisches „volgare illustre"* im Auge haben. Pasolini setzt auf sein eigenes „volgare" und versucht, es „illustre" zu machen, das heißt, in den Rang einer Literatursprache zu erheben, mittels einer Dichtung, die nichts mehr zu tun hat mit jener „offiziellen" aus dem vorigen Jahrhundert um Pietro Zorutti, die in einer ausschließlich literarischen Koine erstarrt ist. Sein Anliegen ist eine „renovatio" der Sprache, eine Suche nach dem „volgare illustre", zu welchem für ihn das Casarsische wird ... Paradoxerweise hatte dieses Unternehmen auch etwas Danteskes an sich: Pasolini verfährt mit dem Casarsischen so, wie Dante mit dem Florentinischen, indem er es ins Zentrum der eigenen sprachlichen Wirklichkeit stellt.

G.: Welchen Sinn hatte Deiner Meinung nach in diesem Unternehmen die Einführung einer poetischen Sprache, die auch als absolut postulierte Erfahrungen einschließt, wie die von Penna, Jimenez und der griechischen Dichter? ...

Z.: Ich sehe sie als Neuformulierung, die ein Gleichgewicht zwischen zwei entgegengesetzten Kräften herstellen will. Pasolini hat das Bedürfnis, etwas Organischeres, etwas Blutvolleres zu schaffen, etwas, das erdverbundener und lebensnaher ist, und er will dieses Etwas in eine sprachlich unverdorbene Realität zurückführen ... Das heißt: wenn man die Tradition von Kavafis und die von Penna in Betracht

zieht (und man könnte in diesem Rahmen auch Saba dazu-
nehmen ..., warum nicht, Saba mit seiner Verdi-Besessen-
heit, mit seinem Wunsch, der Verdi der italienischen Sprache
zu sein), dann kann man sagen, daß es neben einem Streben
nach Harmonie zu einem fast neurotischen Auseinander-
streben der Kräfte kommt, wie bei Pasolini, im Entdecken
von Verbindungen zwischen der eigenen und anderen Sprachen wie auch im Veredelungsvorgang, den die einzelnen
Sprachen erfahren ... Man begibt sich hier, mit anderen Worten, direkt in den Bereich der persönlichen Neurosen und
Gemützustände der einzelnen Autoren, die sich, selbstver-
ständlich auch aus soziologischen Gründen, in einem Zustand ständiger Anspannung befinden. Großes Gewicht hat
natürlich die Einstellung zur Sexualität, weil sie nämlich im
Fall Pasolinis in schärfstem Gegensatz zu seiner Umgebung
steht und somit einen Zustand von Gespaltenheit und Dua-
lität erzeugt. Dieser Zustand wird um so traumatischer, je
mehr zwei gegensätzliche Bereiche aufeinandertreffen: einerseits etwas nicht genau Definierbares, man könnte sagen,
Griechisches (für Pasolini ist das – verstehen wir uns recht –
das Baden im Tagliamento, noch vor allen moralischen
Bedenken, in einer Ahnung von Jugend, die einer Ahnung
von Griechentum entspricht, in einer Welt, die auch die des
Schriftstellers Giovanni Comisso war), andererseits eine
Gesellschaft, hinter deren Menschlichkeit und Brüderlich-
keit sich doch der unerbittliche Charakter der Bauernwelt
zeigt, die keine Verletzungen der Norm duldet. Davon
rührt der unvermeidliche Ausbruch der Neurose: Es ist die
Situation von jemandem, der gezwungen ist, inmitten eines
Paradieses Höllenqualen erleiden zu müssen. Alles um ihn

herum ist idyllisch, die Sprachen klingen alle wunderschön und bewegen sich, jede für sich, auf den Zustand der Vollkommenheit zu, und doch sind es genau diese Sprachen, die Muttersprachen, die ihn verfluchen. Hier entspringt das Bedürfnis, sich an Modellen festzuhalten, die in irgendeiner Weise ihre konfliktreiche und neurotische Situation mit einer kristallenen Hülle zu umgeben vermochten, die aber noch, wunderbarerweise, würde ich sagen, die starken Schwingungen der psychischen Gegensätze bewahrt.

G.: Läßt sich also die besondere Gelungenheit der Lyrik Naldinis auf diese Gegebenheiten zurückführen?

Z.: Ja. Der Fall Naldini ist besonders bezeichnend, da er das Glück, aber auch das Unglück hatte, so etwas wie die „Figur im Hintergrund" Pasolinis zu sein, wie Engels auf gewissen Abbildungen mit Marx ... Auch wenn er sich in Wirklichkeit in seinem eigenen lyrischen Schaffen seine Unabhängigkeit bewahrt hat. Ich würde sagen, es gelingt ihm gut, seine Originalität zu bewahren, besonders in der wunderschönen Einführung in die Auswahl von Pasolini-Gedichten, die wir gemeinsam herausgegeben haben. Es ist dies eine Erinnerung an die Jugendjahre, an die Jahre der „Academiuta", an die ersten menschlichen, erotischen und kulturellen Erfahrungen im tragischen Klima des Krieges, der von den Jungen – Naldini war damals fast noch ein Kind – als eine Art vergangene, märchenhafte, und jedenfalls nicht immer tragische Welt erlebt wird. Diese Nicht-Tragik verleiht der Erfahrung Naldinis eine außergewöhnliche Reinheit und Unschuld. Deshalb beruft er sich in dem Gedicht

„Ich hatte zwei Freunde" zu Recht auf Comisso und bezeichnet ihn, neben Pasolini, als großen Freund. Denn Naldini hat im Grunde genau dieselbe Art von Unschuld bewahrt, die auch Comisso eigen war: ein psychologisches Durcheinander, das sich selbst als natürlich empfindet, das keinen dramatischen Zusammenprall mit der Umgebung erleiden mußte, das nicht von der Grausamkeit der Umgebung zerstört wird, das in Verbindung bleibt mit dem körperlichen Glück, in perfekter Harmonie mit der aufbrechenden Vitalität des Heranwachsenden.

G.: Naldini schreibt denn auch: „Der erste war reich an Quellen / an Sommern und Flüssen / an Jungen, die sich entkleiden / engelsgleich..."

Z.: Das ist völlig richtig, auch wenn vielleicht in Wirklichkeit die Dinge anders verliefen ... Ich würde sagen, daß Comisso eine unglaubliche Fantasie entwickelte, wenn es darum ging, Leute in Engel zu verwandeln, die beileibe keine waren, mit der Fantasie von jemandem, der ewig Kind geblieben ist, jenseits von Gut und Böse ...

G.: Es ist dieselbe Jugend, die sich, meiner Ansicht nach, immer wieder auch in Nico spiegelt, auch in den italienischen Gedichten der Sammlung „Ein sachter und freundlicher Wind" ...

Z.: Naldini ist einer der wenigen jugendlichen Dichter, dem es gelingt, von sich selbst als Jugendlichem zu sprechen. Das impliziert aber mit dem Ende der Jugend das Ende der eigenen Dichtung, denn Nico hat seit damals nichts mehr geschrieben, oder, wenn er etwas geschrieben hat, so war er fast immer sorgsam darauf bedacht, es vor den Augen der Welt zu bewahren. Von Zeit zu Zeit nur taucht er mit irgendeinem schönen Gedicht aus der Versenkung auf. So ist er mit der sehr geglückten einleitenden Erzählung zu Pasolinis Gedichten hervorgetreten, die wahrlich die Frische von Quellwasser hat. Es ist ihm gelungen, hier für einen Augenblick einen Zustand paradiesischer Glückseligkeit wiederzuerleben, der in sich auch etwas Tragisches hat, das aber nie zur Gänze als solches empfunden wurde. Das sieht man auch in der Erzählung „Pasolinis Grab". Erst dort, so scheint es, ist es ihm möglich, auch die tragische Seite der Dinge zu sehen und irgendwie auszudrücken. Auf literarischem Niveau und im Ausdruck besteht zwischen den Gedichten lang zurückliegender Jahre und der klaren Prosa der jüngsten Zeit eine einzigartige Kontinuität. Das kommt daher, daß er sich mit einem Leben identifiziert, das, um als solches bezeichnet werden zu können, sich immer das Kindsein bewahren muß, weil es sonst nicht reift, sondern verfault. Es bleibt aber immer ein Verdacht bestehen: Es wird keine Reife geben, nur eine schreckliche Tragödie, wie im Fall Pier Paolos, oder das Nichts. Schier unablässig ist eine Weisheit, die sich von der für die erste Jugend charakteristischen und so ursprünglichen Nicht-Weisheit und dem vollkommenen Aufgehen im Leben unterscheidet; jene Weisheit ist so ursprünglich, daß sie sogar über die Trennung der Geschlechter hinausgeht. Hier könnte man nicht einmal von einem tatsächlichen Unterschied der Geschlechter sprechen, weil sie sich in einer, auch vom psychologischen Gesichtspunkt her, noch undifferenzierten Phase befinden. Es ist das Körpergefühl, das die Erde noch nicht als Fremd-Körper empfindet, und würde sie als solche empfunden, so führte das unweigerlich zu einer Katastrophe. Und für Pier Paolo war es so. Ich sehe das Entsetzen Nicos vor dem unausweichlichen Schicksal Pier Paolos, der an einem gewissen Punkt vor die Notwendigkeit gestellt war, zu verschwinden oder zu verfaulen; und das natürlich nicht so sehr auf Grund seiner psychischen Verfassung, der Geschichte seines literarischen Schaffens und seines menschlichen Erlebens, sondern auch, leider, wegen der Wechselfälle der Zeit, des Gangs der Geschichte und des Schwindens seiner Hoffnungen, die Nico, zumindest auf ideologischem Gebiet, nicht nähren konnte. Denn abgesehen davon trug die Ideologie Pier Paolos einen deutlichen Zug von Selbstzerstörung in sich. In jedem Fall bin ich der Überzeugung, daß die ihrerseits selbständigen und reichhaltigen Erfahrungen Naldinis dazu beitragen, diejenigen Pasolinis zu verstehen. Damit will ich ihn nicht wieder als „Figur im Hintergrund" Pasolinis etikettieren, aber die Geschichte hat es so gefügt, daß sie einander nahe standen. Ich sehe sie als zwei Brüder, die einander in entscheidenden Momenten ihres Lebens sehr geholfen haben.

DIE GESCHICHTE DER FÜNF ROTEN HEFTE

Am 28. Januar 1950 habe ich Susanne und Pier Paolo zum Bahnhof von Casarsa gebracht. Es war noch Nacht, als der erste Zug nach Rom einfuhr, und so haben wir im Dunkeln voneinander Abschied genommen. Auch wenn es eine Flucht war, so erfolgte sie beinahe unbeschwert, denn mit einem Mal schienen viele Bedenken vergessen, aufgehoben oder zumindest für den Augenblick im winterlichen Casarsa zurückgelassen. Bei den Zurückbleibenden hinterließ ihre Abreise großes, ungläubiges Staunen und den brennenden Schmerz einer Trennung, die im letzten Moment und im Ungewissen über das weitere Schicksal der ganzen Familie beschlossen worden war. In jedem Fall würde das Licht, das schon bald danach über den Feldern Friauls aufsteigen würde, auch das Ziel ihrer Flucht – die Schienen trugen die beiden schon auf Pordenone zu – und deren endgültige Folgen erhellen.

Die Reisevorbereitungen waren nur wenige Stunden zuvor, ohne Wissen Carlo Albertos, des fast sechzigjährigen Oberst im Ruhestand, Susannes Ehemann und Pier Paolos Vater, getroffen worden. Die beiden hatten heimlich das Haus verlassen und außer dem Notwendigsten nur ein

Handtäschchen voller Schmuck mitgenommen, von dem sie sich für die allernächste Zukunft ein Minimum an materieller Sicherheit versprachen. Aber schon bald sollte sich zeigen, was jener Schmuck tatsächlich wert war, vergoldete Fassungen und Steine aus farbigem Glas, die Carlo Alberto seiner Frau bei verschiedenen Anlässen zum Geschenk gemacht und so die Illusion von längst vergangenem Reichtum aufrechterhalten hatte.

Auf dem Weg zum Bahnhof schärften mir die beiden nochmals ein, wie ich mich Carlo Alberto gegenüber verhalten sollte, wenn er aufwachte. Aber bei meiner Rückkehr bedurfte es keiner Worte mehr, um den alten Pasolini zum Schluchzen zu bringen; im Lauf des Tages verfiel er dann wieder in jene Wutausbrüche, mit denen er so viele Monate lang seine Angehörigen gequält und schließlich zur Flucht gezwungen hatte.

Einigen Freunden hatte Pier Paolo am Tag zuvor seine Abreise in einem Brief angekündigt. An Silvana Mauri schrieb er:

„Meine Lebensbedingungen haben sich drastisch verschlechtert, obwohl eine Verschlechterung absolut nicht mehr vorstellbar war. Mein Vater hat uns in einem seiner üblichen Anfälle von Bosheit oder Geistesverwirrung – ich kann es wirklich nicht mehr unterscheiden – wieder einmal gedroht, uns zu verlassen und Vorkehrungen für den Verkauf der Möbel getroffen. Du kannst Dir nicht vorstellen, in welchem Zustand sich meine Mutter befindet. Ich kann es nicht mehr ertragen, sie auf diese unbeschreibliche, menschenunwürdige Weise leiden zu sehen. Ich habe beschlossen, sie schon morgen, ohne Wissen meines Vaters, nach Rom zu bringen und sie meinem Onkel anzuvertrauen: ich selbst werde nicht in Rom bleiben können ..."

Und an seinen alten Schulfreund Franco Farolfi schrieb er: „Die Lage ist so verzweifelt, daß ich beschlossen habe, schon morgen mit meiner Mutter nach Rom zu gehen; ich werde sie dort in der Obhut meines Onkels lassen, in der Hoffnung, daß er für sie sorgen kann, denn ich werde sofort weiterreisen, vielleicht nach Florenz oder nach Mailand. Was ich dort machen werde? Ich weiß es wirklich nicht ..."

Nachdem er in Rom angekommen war, ohne Aussichten und ohne Hoffnungen, hatte er sich plötzlich doch dazu durchgerungen, sich endgültig dort niederzulassen oder zumindest eine Zeitlang Zwischenstation zu machen auf dem Weg nach Florenz oder Mailand oder dem noch unwirklicheren Ziel Libanon (das er vielleicht wegen der eindrucksvollen Farben in den Kinderatlanten oder aus verborgeneren Gründen gewählt hatte). Aber gerade diese Stadt, die sich ihm Abend für Abend in einem sich stetig steigernden Rhythmus auftut, ist es, die sein Lebensprogramm bestimmt: „Rom ist göttlich!"

Sie zeigt sich ihm aber noch viele Monate lang von zwei, wie auf teuflische Art für ihn angelegten Seiten: der des Selbstmordes, denn trotz der Hilfe von Verwandten befand er sich in aussichtslosen Existenzschwierigkeiten; und der des Glücks, denn er hatte die römischen Nächte voller Jungen als bedingungslose Komplizinnen entdeckt.

Die Spaltung in diese beiden Seelenzustände ist so ausgeprägt, daß auch die Briefe aus jener Zeit jeweils eine der beiden Seiten widerspiegeln.

An den friaulischen Freund Sergio Maldini schreibt er: „Vorgestern hat sich ein ungefähr fünfundzwanzig- bis dreißigjähriger, mit einem schwarzen Mantel bekleideter Mann in den Tiber gestürzt: das hätte ohne weiteres ich sein können. Versuche Dir vorzustellen, was alles in und um einen Selbstmordkandidaten auf dem Ponte Mazzini vorgeht, zehn Meter über dem Tiber, vor dem grauenvollen Sprung in die Tiefe."

Und an mich, zur selben Zeit:

„Erinnerst Du Dich an den Hauptdarsteller von ‚Unter der Sonne Roms‘? Kurzum, sein siebzehnjähriger Bruder, um vieles schöner als er, ist mein Freund geworden. Wie durch die Fügung eines Gottes sind wir gestern abend einander begegnet. Ich habe die ganze Nacht kein Auge zugetan, ich zittere noch am ganzen Körper ..."

„Nichts Anachronistischeres als Deine Spleens in Casarsa. Ein Name? Was denn, mindestens ein Dutzend, einer typischer für Trastevere als der andere ..."

Das ganze Jahr hindurch, und auch noch in der Folgezeit, hält dieser Konflikt unverändert an. Während die Mutter als Zimmermädchen arbeitet, verschließt sich Pier Paolo den ganzen Tag über in seinem Mietzimmer im Judenghetto, wo er die Arbeit an seinen Manuskripten wieder aufnimmt. Abends streift er die ‚Lungoteveri‘ entlang, wo dunkelhaarige Jungen – schön „wie Statuen, die im Schmutz stecken" – auf- und abschlendern oder an den Brückengeländern lungern.

In ihrer Mitte trifft er auf Sandro Penna, den trägsten und lästerlichsten Dichter Italiens, der sich – wer weiß, wie er dazu gekommen ist – zum Sprachrohr des Lebens macht

„Erschrick nicht", schreibt er an Silvana, „in den letzten Monaten habe ich nichts anderes gemacht als geschrieben, manchmal auch zehn Stunden am Tag. Erinnerst Du Dich noch an die roten Hefte, die in jener Nacht, als Du den Zug versäumtest, aus meiner Tasche hervorlugten? Es waren die Tagebücher meiner Liebe zu Tonuti. Ich habe sie im Jahr 1946, als alles schon zu Ende war, begonnen, und sie, in unregelmäßigen Abständen, bis Ende 1948 weitergeführt: Das ergab schon ein Bändchen mit ungefähr hundert Seiten. Aber ich war damit nicht zufrieden. Chronologisch betrachtet, bin ich von der Lyrik zur Prosa gekommen, und jene Aufzeichnungen waren meine ersten Gehversuche auf diesem Gebiet. In den letzten Monaten habe ich die Arbeit am Buch wieder aufgenommen und das Tagebuch in eine Erzählung umgewandelt: ich habe also den Stoff objektiviert (im engsten, vielleicht auch – ich weiß es nicht – im weitesten Sinn des Wortes), die Namen der Protagonisten und der Schauplätze geändert und alles mit weniger Bekennergeist und mit größerer dichterischer Freiheit gestaltet. Dem Buch, das aller Voraussicht nach zweihundert bis zweihundertfünfzig Seiten umfassen wird, fehlen aber noch zwei oder drei Kapitel. Der Titel, ‚Unkeusche Handlungen‘*, steht schon fest.

Das zweite Buch heißt ‚Mein Amado‘*. Es ist in gewisser Weise die Fortsetzung von ‚Unkeusche Handlungen‘*, entfernt sich noch weiter vom Biographischen und tendiert noch mehr zum Roman. Der Protagonist ähnelt mir noch weniger als jener in ‚Unkeusche Handlungen‘: vom Charakter her ist er mir sogar sehr unähnlich. Er trägt die Verdammung in sich, trotzdem wird seine Liebe zu einem

Jungen wie eine Legende erzählt ... Und dann gibt es noch den Roman, auf den ich alle Hoffnungen setze ...“

Es ist „Der Traum von einer Sache“*, der als Resümee der Zeit in Friaul erst viele Jahre nach „Ragazzi di vita“ und „Vita violenta“ publiziert werden sollte. „Unkeusche Handlungen“ und „Mein Amado“ hingegen sollten posthum erscheinen.

Die Erinnerung an die „roten Hefte“, auf die Pasolini in dem Brief anspielt, ist noch heute in Silvana lebendig: „Seine Homosexualität“, schreibt sie, „war noch ein süßes Spiel zwischen Jungen, ein rotes Heft, das aus seiner Tasche hervorlugte und das wir ihm im Spiel zu entreißen suchten.“

Ihre heutigen Worte werfen ein zärtliches Licht auf eine schmerzliche Erinnerung. Silvana hatte sich während der Studienzeit an der Universität Bologna, zu Beginn des Krieges, in Pier Paolo verliebt, und ihre räumliche Trennung hatte bewirkt, daß ihre Liebe zu ihm jahrelang andauerte.

„Über jenen ersten Erinnerungen liegt für mich der Goldstaub der Jugend, jene ‚Glut‘, die die Konturen verschwimmen läßt, wie wenn ich alles geträumt hätte. Mein sechzehnjähriger Bruder Fabio, der vier Jahre jünger war als Pier Paolo und ich, hatte ihn mir ins Haus gebracht. Er erschien mir wunderschön mit seinem Gesicht, in dem slawische, romagnolische und jüdische Einflüsse einzigartige Linien, einen unvergleichlichen Ausdruck geformt hatten. Der fast schon expressive Körper war stark und männlich und erinnerte an die Gestalten Mantegnas und an mittelalterliche Armendarstellungen. Wenn er einen bei den Handgelenken ergriff, um seine Zuneigung kundzutun, dann schienen diese wie in einem Schraubstock eingespannt zu sein. Sein schüchternes Verhalten, geprägt von der Zurückhaltung und Nüchternheit des Norditalieners, das so verschieden war von meiner südländisch überschäumenden, extrovertierten Art, ließ ihn langsam und zögernd sprechen, in jenem etwas heiseren und markierten Tonfall der Veneter in Friaul."

Nach dieser ersten Begegnung trafen sie einander noch viele Male zu Hause oder in der Redaktion der Zeitschrift, an der Fabio, Pier Paolo und andere Studenten mitarbeiteten. Dann übersiedelten die Pasolinis von Bologna nach Casarsa. Die Kriegsjahre gingen vorbei, und eines Tages kam Silvana, trotz der unsicheren Verkehrsverbindungen der Nachkriegsjahre, nach einer langen Reise per Lastwagen und Zug in Casarsa an.

Die verehrte Freundin, für die man mehr als Freundschaft und zärtliche Zuneigung empfinden konnte bis hin zu verbotenen und gemiedenen Gefühlsbereichen, mußte in Casarsa erfahren, was nicht Wirklichkeit werden konnte, und die roten Hefte waren dabei die unschuldigen Vermittler dieser grausamen Botschaft.

Bestehen blieb eine Freundschaft, die sich durch das brennend Ungewisse ihrer Grenzen noch intensiver gestaltete. Einige Jahre danach schreibt Pier Paolo an Silvana:

„Du bist für mich immer etwas Besonderes und anders als alle anderen gewesen: so außergewöhnlich, daß ich keine Erklärung dafür finden kann, nicht einmal eine jener so einleuchtenden Scheinerklärungen, die wir uns in unseren gewitzten Denkmanövern zurechtlegen. Seitdem Du mir in Bologna die Tür geöffnet hast, wenige Minuten, nachdem ich

Fabio kennengelernt hatte, und mir in der Gestalt einer Madonna aus dem Duecento entgegengetreten bist (ich glaube, ich habe es Dir schon einmal gesagt), bist Du für mich immer – auf der Troi-Alm, in Mailand, nach dem Krieg bei Bompiani, in Versuta, in Rom – die Frau gewesen, die mich hat begreifen lassen, was eine Frau ist, und die einzige, die ich bis zu einem gewissen Punkt geliebt habe. Du weißt, bis wohin: aber jetzt muß ich Dir sagen, daß ich ihn manchmal – ich weiß nicht, wie und wann – überschritten habe, schüchtern, wie von Sinnen, aber ich habe ihn überschritten...“

Die fünf roten Hefte sind normale, linierte Schulhefte mit einem Wappen auf dem Umschlag, das in einer Umrahmung den Heiligen Georg auf einem Pferd darstellt, wie er sein Schwert in den Schlund des Drachen stößt. Die ersten drei hat er zur Gänze beschrieben, das vierte nur auf sechseinhalb Seiten, das fünfte ist wieder ganz ausgefüllt, wobei die letzten vier Seiten vom Heftende her zu lesen sind: Dort findet sich der Entwurf eines Liebesgedichtes, Versstrophen voller Korrekturen und Streichungen:
„...ich gab Deiner Freude eine alte, vertraute Form:
das Herzklopfen Manutis,
der die Kirche verläßt, und die Gleichgültigkeit
in Ceres Augen,
die den Jungen ihren Neid verhüllt...“
Das erste Heft beginnt mit einem Stendhal gewidmeten Brief:
„Sehr verehrter Herr, seit dem Jahr 1830 sind genau hundertsechs Jahre vergangen, ein Zeitraum also, der aus-

reicht, um in unseren Augen die Ereignisse jener Epoche lächerlich erscheinen zu lassen ..."

Die drei, gleich wieder durchgestrichenen Seiten enden wie folgt:

„Der Zeitpunkt und der Ort, an dem jene Zeilen geschrieben wurden, spielen auf etwas an, dessen tragische Reichweite Sie nicht ermessen können, sie wollen Ihnen mitteilen, welch geringen Wert sie haben und wieviel Einsamkeit ihnen vorausgeht. Casarsa, den 20. Juni 1946."

Die vierte Seite beginnt mit einer Überschrift in Großbuchstaben: „Unfreiwillige Seiten"* (Roman) und einer bewußt unvollständigen Datierung: 23. Mai 19...

In den drei folgenden Heften finden sich die Tagebuchaufzeichnungen, die auf die Zeit zwischen dem Mai 1946 und dem 8. August 1947 datiert sind: „...ein Tagebuch, das ich gegen meinen Willen schreibe (wäre nur dies und nichts anderes die Strafe Gottes)".

Einem Brief an Gianfranco Contini vom 16. August 1946 ist ein Vorwort zu diesen „Unfreiwilligen Seiten" beigefügt, eine Rechtfertigung für die „übertriebene Aufrichtigkeit meines Werkes":

„Diese Bekenntnisse, die den Umfang und die Form eines Romans angenommen haben, waren für mich vor allem aus dem Bedürfnis heraus notwendig, auf irgendeine Art meinen Schreibdrang zu befriedigen. Als Mittel bot sich mir eine Aufrichtigkeit, die vielleicht indiskret und offensiv ist und darüber hinaus das genaue Gegenteil jener fantastischen oder rein sprachlichen Art, die mir bis vor ungefähr einem Jahr immerhin die nötige Distanz verschafft hatte, um nicht an meinem Leben zugrunde zu gehen (solange nämlich dieses mir als Paradies erscheinen konnte, oder, noch besser, als Vorgeschmack des Paradieses). Diese Stellen sind eigentlich nicht so unfreiwillig (sie sind es im Sinn eines nicht mehr weltlichen, sondern beinahe schon puritanischen Moralismus), wenn sie mir ermöglicht haben, mich wenigstens zum Teil vor der neutralen und brutalen Gleichgültigkeit zu retten, in die man verfällt, wenn man sich künstlich mit irgendetwas sättigt, nur um das Verlangen danach nicht mehr zu spüren ... Ich habe keine andere Art des Schreibens gefunden, um die Hölle Hölle bleiben zu lassen, als diese so offene und direkte: sie wäre beinahe dokumentarisch, wenn nicht die Gewohnheit des sogenannten guten Stils fast immer – und immer gegen meinen Willen – die Oberhand behielte. So unverbindlich dokumentarisch, daß es beinahe Ironie, sicherlich aber ein Lächeln hervorruft: ich tauge nicht zu einem Chronisten! Das ist das folgenschwere Symptom dessen, was ein Existentialist als Fehlen jeglicher praktischen Veranlagung bezeichnen würde (ein Manko, das ich von meiner Mutter geerbt habe): mir entgleitet, selbst auf einem hohen Niveau wie dem der Kritik, jeder Praxisbezug. Man kann sich im übrigen leicht davon überzeugen, wie kindisch und als welch harmlos poetische Schilderungen die Kriegsereignisse in meiner Erzählung erscheinen. Das spricht gegen mich, aber was soll ich machen? Das Wissen darum kann mir nur für eine Manipulation behilflich sein, wovon ich aber keinen Gebrauch gemacht habe. Sicherlich hätte ich diesen Bekenntnisroman durch den verklärenden Blick der Erinnerung weniger bedrückend gestalten können – und manchmal habe ich es auch gemacht, aber ich lebe, wie die anderen auch, in ständigem Unbehagen an der

Unvollkommenheit der Realität, und ich möchte sie sogleich, im Bereich des Realen, und nicht erst danach, im Bereich des Idealen, in eine bessere verwandeln. Gerade deshalb halte ich nichts davon, die Vergangenheit in der Erinnerung zu verklären und trauere ihr auch nicht nach.

Casarsa, 15. August 1947"

Am Anfang des fünften Heftes steht eine weitere Überschrift in Großbuchstaben: „Der Roman von Narziß – Dritter Teil – Bei Alcina"* und das Datum 7. Oktober 1947.

Diese fünf Hefte sind trotz einiger Verschlüsselungen – der Definition als Roman, der Abkürzung der Orts- und Personennamen mit Siglen – das Tagebuch der Gefühle Pasolinis aus den Jahren 1946 und 1947, vermischt mit Erinnerungen an die Kindheit, die ersten Jahre in Casarsa, an den Krieg, die Evakuierung in das Dorf Versuta und den Tod des Bruders Guido.

Aus dem Tagebuch erstellte er eine maschinengeschriebene Fassung mit dem Titel „Unkeusche Handlungen", die deutlicher zum Roman tendiert und an der er noch in seiner Zeit in Rom arbeitete. Die roten Hefte, deren Inhalt in „Unkeusche Handlungen" eingegangen ist, waren jedoch in Casarsa, im kleinen Studierzimmer Pier Paolos geblieben und liefen Gefahr, von seinem Vater gefunden und vernichtet zu werden. Sie waren im Durcheinander der Flucht vergessen worden, aber schon wenige Tage nach seiner Ankunft in Rom hatte mir Pier Paolo geschrieben:

„Bring sofort alles, auch meine Schreibmaschinenmanuskripte, in Sicherheit. Ein Teil davon befindet sich in der rechten Schublade des Schreibtisches, ein Teil auf dem Schreibtisch, die Heftchen der ‚Unkeuschen Handlungen‘ liegen im zweiten Fach des Bücherregals."

Nachdem sie in Sicherheit gebracht worden waren, obwohl anzunehmen ist, daß sie den vor verzweifelter Einsamkeit geplagten Vater nicht mehr sehr interessiert hätten, wurden diese Hefte endgültig vergessen. Bald darauf gab Pasolini auch die Arbeit an der zweiten, in dem Brief an Silvana erwähnten Fassung auf.

Das Leben in Rom überstürzte sich förmlich; die Auseinandersetzung mit den Dingen dieser neuen, unbekannten Welt nahm seine ganze Kraft in Anspruch. Von Friaul, mit dem auf diesen Seiten sanft abgerechnet wird, nahm er ohne Bedauern Abschied.

„Mir scheint", schreibt er an Silvana, „als ob alles in Friaul zurückgeblieben wäre, so wie die Landschaft. Um mich herum dehnt sich Rom aus wie eine Fata Morgana, aber trotzdem geht davon ein starker und mächtiger Trost aus: ich tauche in seine Geräusche ein ..."

Ausschlaggebend für das endgültige Verlassen Friauls waren nicht nur die Paranoia des Vaters, sondern die vielen Widerwärtigkeiten und Enttäuschungen der letzten Monate des Jahres 1949 gewesen.

Seit Kriegsende war Pasolinis Ruhm als Schriftsteller ständig gewachsen. Seine poetische Schule, das friaulische „félibrige", das sich auf die Modelle der alten provenzalischen Lyrik und den europäischen Symbolismus berief, war eine jener Neuigkeiten, die auch außerhalb der Region Beachtung fanden und in Friaul selbst Polemiken und Spaltungen hervorgerufen, aber auch kulturelle Horizonte von provokatorischer Modernität gesetzt hatte. Die Provinz war davon ziemlich verunsichert und in Aufruhr versetzt worden.

Aus dem alten romanischen Sprachengewirr trat in der Vorstellung Pasolinis die ladinische Sprachwelt immer mehr in den Vordergrund, zu der – getrennt vom Friaulischen, welches den größten Anteil daran hat – noch die Dialekte Graubündens und der Dolomiten gehören. Er ersann sogar ein Projekt für ihre kulturelle Wiedervereinigung auf der Grundlage des historischen Bewußtseins von den „Kleinen Heimaten" und die Erhebung der ladinischen Dialekte in den Rang einer romanischen Nationalsprache.

Der große italienische Philologe Gianfranco Contini, der als erster auf die frühen friaulischen Gedichte Pasolinis aufmerksam geworden war, schuf mit seinen kühnen Theorien über die poetische Sprache, denen Pasolini immer treu bleiben sollte, das Modell einer neuen, fortschrittlichen Kulturauffassung.

„Sie wollen partout, daß ich aus ‚Contini' ein Idol mache", schreibt ihm Pasolini im November 1948. „Nein, nein, ich übertreibe nicht, Sie haben einen festen Platz in meiner Mythologie, und ich versuche – ob bewußt oder nicht – Ihnen ähnlich zu werden: aber wie schwierig und gefährlich ist dieses Unterfangen!"

Und in einem anderen Brief:

„Wahrlich, wie nötig hätten wir Ihre Hilfe bei unserem kleinen „félibrige"; lassen Sie mich Ihnen doch eine Idee unterbreiten, die sich – wer weiß – mit der Zeit als gar nicht so unfruchtbar und ins Leere gesprochen herausstellen könnte. Was würden Sie sagen, wenn der „Stroligut" (die Zeitschrift für friaulische Poesie, die Pasolini in Casarsa publizierte), vielleicht unter einem anderen Namen, zu einer kleinen Zeitschrift aller ladinischen Dialekte würde, aber mehr mit poetischer als philologischer Ausrichtung? Ich denke an das großartige Buch Ascolis, in dem er in einem idealen Bogen vom Engadin bis nach Friaul alle Gegenden verbindet, in denen ,all jene Auslaut-s, Palatale und Diphtonge' ein rauhes Gebirgsaroma an sich haben. Coira und Cividale verfügen zweifellos über einen bislang verborgen gebliebenen Reiz. Sie wären der einzige, der eine solche Zeitschrift herausgeben könnte, deren Palette von traditioneller Philologie bis zur raffiniertesten Avantgarde reichen könnte. Die Materie wäre nicht so sehr umfangreich, jedoch unbekannt und interessant. So könnte vom Herzen der Schweiz bis zu den Görzer Bergen jene ideale und abstrakte Region Gestalt annehmen, die Ascoli vorgezeichnet hat ..."

Pasolini gab in Casarsa Zeitschriften und Lyrikbände heraus. Er hatte um sich einige Jungen geschart, die er dazu anleitete, in ihrem Dialekt zu schreiben. Er regte auch historische und linguistische Studien zur Erforschung dieser alten romanischen Sprachengemeinschaft an. Im alten Haus seiner Mutter hatte er den Sitz seiner poetischen Schule, der „Academiuta di lenga furlana" errichtet.

Die Intellektuellen aus der Gegend und die traditionellen Dialektdichter, die von diesen Aktivitäten teils vor den Kopf gestoßen, teils mitgerissen wurden, hatten nie zuvor so viel leidenschaftlichen Eifer und so viele Initiativen auf ihrem Gebiet erlebt. Sie fühlten sich durch diesen Eifer bedroht, denn er stellte ihren gesunden Menschenverstand, ihre Rhetorik und ihren Gefallen an dem beschaulichen Landleben in Frage, in dem es zwar auch oft zu Zwistigkeiten kam, die sich aber schnell wieder in Wohlgefallen und gegenseitiger Ehrerweisung auflösten.

Sein Leben in Friaul ließ noch eine andere Leidenschaft in ihm entstehen, die des Unterrichts und der Pädagogik. Während des Krieges hatte er gemeinsam mit seiner Mutter eine Privatschule für die Bauernkinder aufgemacht. 1948 und 1949 unterrichtete er in öffentlichen Schulen.

„Ich glaube, ich habe mich nie zuvor jemandem mit solcher Hingabe gewidmet wie jenen Kindern ..." ist eine Feststellung, die er später nie wiederholen sollte. Während einer seiner ersten Reisen nach Rom schreibt er an einen fünfzehnjährigen Schüler:

„Vielleicht wird es Dich interessieren, von wo aus ich Dir schreibe, wo ich mich gerade befinde. Ich bin in einem kleinen, dunklen Zimmer, inmitten einer Unzahl von Bildern an den Wänden: Madonnen, Edelleute, Darstellungen von Christi Geburt, der Kreuzigung und der Heiligen Familie, teils in kräftigen, teils in sanften Farben. Die Möbel sind alt, alles hier ist alt und wertvoll. Es herrscht eine so angenehme, verträumte Stille, daß man fast glauben könnte, inmitten der Felder zu sein, im Sommer, nach dem Mittagessen. Aber statt der Zikaden hört man hier nur von weit her ein gedämpftes Hup- und Pfeifkonzert: Es ist der Verkehr der Hauptstadt, ein Durcheinander, das Du Dir nicht vorstellen kannst.

Erinnerst Du Dich noch, wie ich von Casarsa weggefahren bin? Es kommt mir vor, als ob seitdem ein ganzer

Monat vergangen wäre. Nun gut, in Sacile habe ich einen Sitzplatz gefunden, und so bin ich bequem bis nach Venedig gekommen. Auch die Weiterfahrt nach Bologna verlief angenehm. In Bologna habe ich viele alte Freunde wiedergesehen, und wir haben einen wunderbaren Abend miteinander verbracht. Wie schön und lieblich ist mir Bologna vorgekommen! Du mußt nämlich wissen, daß ich dort hingekommen bin, als ich so alt war wie Du, und dort sieben Jahre verbracht habe, vielleicht die schönsten meines Lebens. Noch immer lebt die Stadt ruhig dahin, so als hätte sie sich in der warmen Sonne träge zwischen den Hügeln und der fruchtbaren Ebene ausgestreckt. Aber wenn ich durch ihre Straßen spaziere, spüre ich, daß sie sich nicht mehr an mich erinnert.

Auch von Bologna nach Rom habe ich einen bequemen Platz gefunden, aber Du kannst Dir vorstellen, daß es trotzdem nicht sehr angenehm ist, eine ganze Nacht im Sitzen zu verbringen. Aber was für eine nicht endenwollende Reihe von herrlichen Frühlingslandschaften haben meine Augen gesehen! Von der Romagna abwärts ist nämlich alles bereits grün, die ganze Natur ist wiedererwacht. Halb Italien ist an meinem Abteilfenster vorbeigezogen. Und am Samstag bin ich in Rom angekommen. Ich habe schon so viel gesehen, daß es zu weit führen würde, Dir alles zu erzählen. Ich werde Dir nur aufs Geratewohl von ein paar Sachen berichten, die Dich sicherlich beeindrucken werden. Denk nur, von meiner Wohnung bis zum Vatikan fährt man zuerst vierzig Minuten mit der Straßenbahn und muß dann noch eine halbe Stunde zu Fuß zurücklegen: Und das ist nur eine kurze Strecke im Verhältnis zur Gesamtausdehnung der Stadt. Zum

Vatikan gehe ich der Museen wegen. Stell Dir vor, vom Eingang bis zur Sixtinischen Kapelle, deren Decke von Michelangelo mit Fresken bemalt wurde – erinnerst Du Dich an die Bilder, die ich Euch in der Schule davon gezeigt habe? – führt ein Gang, der so lang ist wie der Weg vom Haus des Oberst bis nach Versuta; er ist über und über bemalt und sorgfältig ausgeschmückt. Aber das ist noch nichts im Vergleich zur Schönheit der Sixtinischen Kapelle und der Stanzen Raffaels. Davon werde ich Dir aber vielleicht bei meiner Rückkehr berichten.

Und was treibst Du so? Kommst Du am Morgen gleich aus dem Bett? Was macht das Tagebuch? Und das Latein? Ich weiß noch nicht genau, wann ich zurückkommen werde. Aber ich spüre schon, daß ich in ein paar Tagen, wenn ich von all den Bildern, Konzerten und Theateraufführungen gesättigt bin, wieder starkes Heimweh nach meiner ruhigen, ländlichen Umgebung verspüren werde. Jetzt, wo ich mich mitten im blendenden Glanz eines Theaters befinde, erscheint es mir unvorstellbar, daß es auf der Welt jemanden gibt, der Kühe hütet, am Abend mit einer Näharbeit am Feuer sitzt oder Zweige aufpfropft ... Und doch ist letzteres das wirkliche Leben des Menschen."

Die Politik war die dritte Seite seines intellektuellen Prismas, und auch sie hatte stark erotische Wurzeln. 1947 war er in die kommunistische Partei eingetreten und trotz des Mißtrauens des Parteiapparates zum führenden Intellektuellen des friaulischen Kommunismus geworden. Als aktives Mitglied in den kulturellen Organisationen und Sekretär einer Ortsgruppe organisierte er Versammlungen und Treffen. Er hatte auch Ende der Vierziger Jahre an den sozialen Kämpfen und Streiks der Tagelöhner gegen die Großgrundbesitzer teilgenommen.

Nach einem Treffen mit Silvana in Lerici im März 1949 schreibt er ihr:

„Seit meiner Rückkehr nach Casarsa hat mich mein gewohntes Leben wieder verschluckt. Wie ein Stein, der ins Wasser fällt, habe ich ein paar Wellen erzeugt, die sich aber sogleich wieder gelegt haben. Unter Wasser lebe ich in einem herrlichen Versteck, restlos glücklich darüber, verborgen zu sein. Ich unterrichte und hege große Pläne (ein Theater und eine Unzahl halb-schulischer Aktivitäten: der Schulamtsleiter hat beschlossen, die Schule in Valvasone in eine Art Experimentalschule umzuwandeln).

Ich arbeite auch viel auf politischem Gebiet. Wie Du weißt, bin ich Sekretär der Ortsgruppe von San Giovanni, und das gibt viel Arbeit: Vorträge, Versammlungen, Wandzeitungen, Kongresse und Auseinandersetzungen mit den Priestern der Umgebung, die mich von den Kanzeln herab verleumden. Der Glaube an den Kommunismus ist für mich eine große Sache. Was meine literarische Ader betrifft, so fließt sie fast zu reichlich ... Sonntags vergnüge ich mich. Jetzt ist das Wetter schön, eine einzige blaue Wunde ..."

Und an Gianfranco Contini schreibt er:

„... Sonst sehe ich im Moment nichts in meinem Leben, in jener beinahe schizophrenen Situation zwischen unendlicher Misere (ein paranoider Vater, eine gepeinigte Mutter, das mühsame Leben in der Schule inmitten dummer und perfider Leute, politischer Haß und eine Mauer des Schweigens) und unendlichem Glück, über das Sie ja Bescheid wissen ..."

112

Dieser Brief stammt vom Juli 1949. Zwei Monate darauf wird Pasolini wegen Erregung öffentlichen Ärgernisses und Verführung Minderjähriger angezeigt. Er verliert seine Stelle als Lehrer und wird wegen „ideologischer Abweichung" aus der Kommunistischen Partei ausgeschlossen.

An seinen Freund Franco Farolfi schreibt er:

„Zum Glück haben wir uns in diesem Herbst geschrieben, so wird Dich die Angelegenheit weniger in Staunen versetzen. Der Vorfall, der mir den Ruin meiner Karriere gebracht hat und ein so entsetzlicher Einbruch in mein Leben war, ist an und für sich nicht sehr schwerwiegend oder bedeutend. Die ganze Geschichte wurde aus politischen Gründen aufgebauscht. Die Christdemokraten und Faschisten aus Udine haben die Gelegenheit benutzt, mich aus dem Weg zu räumen, und das mit einem Zynismus und einer Raffinesse, die ihresgleichen sucht."

Und an einen führenden Parteifunktionär der Kommunisten in Udine:

„Ich wundere mich nicht über die teuflische Heimtücke der Christdemokraten, wohl aber über Eure Unmenschlichkeit. Du weißt sehr wohl, daß es krasser Unsinn ist, von ideologischer Abweichung zu sprechen. Euer ungeachtet bin und bleibe ich Kommunist, und zwar im wahrsten Sinne des Wortes. Aber wovon rede ich eigentlich, wo es doch für mich in diesem Moment keine Zukunft gibt. Bis heute früh hat mich der Gedanke aufrechterhalten, daß ich meine Person und meine Karriere einem Ideal geopfert habe. Jetzt habe ich nichts mehr, worauf ich mich stützen könnte. Ein anderer an meiner Stelle würde sich umbringen;

unglückseligerweise muß ich wegen meiner Mutter weiterle-
ben. Ich wünsche Euch, daß Ihr mit Vernunft und Leidenschaft weiterarbeiten könnt. Ich habe versucht, es zu tun.“

An Silvana schreibt er Mitte Januar 1950:

„Meine Zukunft ist nicht düster, es gibt sie einfach
nicht mehr. Ich gebe mir noch ein oder zwei Monate, um
meinen Roman zu beenden und werde dann abreisen. Die
Frage ist nur, wohin: nach Rom, nach Florenz, vielleicht
sogar, je nachdem, wie die Dinge sich entwickeln, in den
Libanon.

Ich muß feststellen, daß ich nichts von der Welt
begriffen habe und mich immer weiter von ihr entferne. Es
fehlt mir nicht an der Kraft, sondern an der Motivation,
mich zu rehabilitieren, zu befreien, zu verstellen oder in
mein Los zu fügen, also irgendwie zu reagieren, wie all jene,
die wissen, wie die Welt funktioniert, in der sie leben. Ich
entgleise immer mehr, ein Rimbaud ohne Genie.“

Wenige Tage darauf reiste er nach Rom ab.

Diese Darstellung war nötig, um in einer kurzen
Zusammenfassung die Entstehung der „Unkeuschen Handlungen“ zu beschreiben. Weiter galt es zu erklären, warum
die Zitate aus Pasolinis Tagebüchern – die in meine kurze
Erzählung über seine Jahre in Friaul eingeflochten sind und
die noch vor den „Unkeuschen Handlungen“ veröffentlicht
wurden – mit einigen Passagen des Romans identisch oder
ihnen ähnlich sind. Ich habe die Zitate den „Roten Heften“
entnommen und bin dabei exakt chronologisch vorgegan-
gen, weil diese trotz minimaler stilistischer Schwachstellen

Pasolinis Leben näherkommen. Die Auszüge aus Pasolinis Briefen sind den „Gesammelten Briefen" entnommen, die in Kürze im Verlag Einaudi in Turin erscheinen werden.

Nico Naldini   Casarsa, Frühling 1986

Anmerkungen der Übersetzer

S. 17
Et m'è rimàsa nel pensier la luce (etwa: Und in der Erinnerung blieb mir das Licht), berühmter Vers Petrarcas aus dem
16. Sonett des Canzoniere. Das Licht ist das leuchtende Bild
Lauras, seiner Geliebten.

S. 19
teta veleta: Pasolini geht auf diesen Ausdruck in den „Ketzererfahrungen" genauer ein. Er schreibt dort unter anderem:
„Ich habe diese Geschichte (die Benennung einer gewissen
Empfindung mit „teta veleta", Anm. d.Ü.) eines Tages dem
Literatur- und Sprachwissenschaftler Gianfranco Contini
erzählt, der sofort erkannte, daß es sich dabei um einen „reminder" handelte, ein für die Vorgeschichte typisches
sprachliches Phänomen, und zwar um den „reminder" eines
altgriechischen Wortes, nämlich „Tethys" (was bekanntlich
sowohl männlichen wie weiblichen Geschlechts sein kann).
„Teta veleta" gehörte ganz und gar zu meiner „langue", zu
der mündlichen Sprachinstitution, über die ich damals ver-
fügte. Ich glaube, ich habe den Ausdruck damals niemandem
eingestanden (da ich spürte, daß die Empfindung, die er
bezeichnete wunderbar, aber schändlich war); allenfalls habe
ich versucht, bei irgendeinem Spaziergang an der Piave

117

meine Mutter danach zu fragen, aber dessen bin ich mir nicht sicher ..." (Zit. n. Pier Paolo Pasolini: Ketzererfahrungen „Epirismo eretico", Schriften zu Sprache, Literatur und Film, Ullstein, 1982, S.87).

S. 26
prosa d'arte: literarische Strömung der Zwischenkriegszeit, die eine sehr poesienahe Prosa pflegte. Emilio Cecchi ist der bedeutendste Vertreter dieser ‚Fragmentkunst'.

Parenti: avantgardistischer Verlag, in dem z. B. Gadda einige seiner ersten Werke herausgab.

Solaria: bedeutendste Literaturzeitschrift der Zwischenkriegszeit, erschien von 1926 bis 1936 in Florenz. Mitarbeiter waren u. a. Gadda, Montale, Cecchi, Comisso, Saba, Vittorini und Pavese.

S. 28
Guf: Gioventù Universitaria Fascista (Faschistische Universitätsjugend), offizielle Studentenorganisation jener Zeit.

S. 42
Herzog von Aosta: Titel, den traditionellerweise der Bruder des Königs von Italien führte.

S. 47
filò: abendliche Runden der Bauern und ihrer Frauen in den Ställen, besonders im Winter, wo sich die Frauen beim Spinnen versammelten.

S. 62
Poesie (Gedichte), *Diario 46-47* (Tagebuch 1946/47), *I pianti* (Totenklage).

I diarii (Tagebücher).

félibrige: 1854 in Fontségugne bei Avignon gegründeter Dichterkreis zur Pflege und Erneuerung provenzalischer Sprache und Literatur, bedeutendster Vertreter: Frédéric Mistral

S. 71
La meglio gioventu (Die bessere Jugend).

S. 84
Hermetismus: moderne Strömung der italienischen Literatur (ermetismo), besonders Lyrik, die Klang- und Gefühlswerte des Wortes vor die Sinnbedeutung stellt und nach vieldeutiger, magischer Dunkelheit und Geheimnischarakter der Lyrik strebt, Hauptvertreter: Bontempelli, Montale, Ungaretti, Quasimodo.

S. 86
volgare: Volkssprache, „illustre il volgare" bedeutet, die Volkssprache wie eine Nationalsprache zu beschreiben, zu rühmen, und, in letzter Konsequenz, in den Rang einer Literatursprache zu erheben.

S.98
Ragazzi di vita: Titel eines der bekanntesten Romane Paso-

linis, in der er das Leben eben jener Jungen in Rom schildert.

Borgate: proletarische Vororte Roms

Lungoteveri: Uferpromenaden entlang des Tibers in Rom

S. 99/100
Originaltitel der in der Übersetzung in Deutsch angeführten Werke: *Atti impuri* (Unkeusche Handlungen), *Amado mio* (Mein Amado), *Il sogno di una cosa* (Der Traum von einer Sache)

S. 103
Pagine involontarie (Unfreiwillige Seiten)

S. 105
Il romanzo di Narciso – Terza parte – Con Alcina (Der Roman von Narziß – Dritter Teil – Bei Alcina)

INHALT

ITALIENISCHE GEGENWARTSLITERATUR BEI COMMEDIA & ARTE:

Giuseppe Bonaviri: **DER SCHNEIDER VON MINEO**
Eine sizilianische Geschichte.
168 S., geb. DM 29,80

Antonio Tabucchi: **DER KLEINE GATSBY**
Erzählungen.
160 S., kart. DM 24.-

Francesca Duranti: **DAS HAUS AM MONDSEE**
Roman.
220 S., geb. DM 32.-

Stelio Mattioni: **ORLANDO, WIEVIEL SCHRITTE GIBST DU MIR**
Roman.
272 S., geb. DM 39,80

Giorgio Celli: **DER LETZTE ALCHIMIST**
Essays.
184 S., kart. DM 29,80

Giuseppe Marrazzo: **CAMORRISTA**
Sachbuch.
288 S., kart. DM 29,80

PIER PAOLO PASOLINI

Das Herz der Vernunft
Gedichte, Geschichten, Polemiken, Bilder
»Diese Auswahl wirft Schlaglichter auf ein Gesamtwerk, das
umfangreich und nicht leicht konsumierbar ist.«   Basler Zeitung
Herausgegeben von Burkhart Kroeber   WAT 134.   224 Seiten, DM 15.–

Amado mio
Zwei Romane über die Freundschaft
»Diese beiden kurzen Romane handeln von der Liebe und Leidenschaft
zwischen Männern, auch wenn die Homosexualität nicht den Kern des
Erzählens bildet.«   Incontri
Quartheft 130.   208 Seiten, DM 19.80

Barbarische Erinnerungen
La Divina Mimesis
»Bruchstück einer Abrechnung und seiner Sehnsucht – große Poesie
verbunden mit analytischer Schärfe.«   Österreichischer Rundfunk
Quartheft 120.   112 Seiten, mit Abbildungen, DM 16.80

Unter freiem Himmel
Ausgewählte Gedichte
»Nirgendwo sonst spricht Pasolini so subjektiv wie in seinen Gedichten.
Seine Autobiographie liegt in ihnen ausgebreitet.«   Süddeutsche Zeitung
Quartheft 112.   160 Seiten, DM 19.80

Freibeuterschriften
Die Zerstörung des Einzelnen durch die Konsumgesellschaft
»Pasolini ist ein Radikaler, der jeden Radikalenerlaß sprengt, er gibt
Anstöße und er stößt an die Grenzen unserer angeblich so
aufgeklärten Toleranz.«   Der Spiegel
Quartheft.   144 Seiten, DM 19.80

Verlag Klaus Wagenbach   Berlin

ISBN 3-900351-72-4, 15 x 22 cm
150 Seiten, öS 172,–/DM 25,–

Das Kulturjahrbuch 6 enthält eine Reihe von Es
schen Intellektuellen unseres Jahrhunderts ins
Revolutionär Antonio Gramsci und der Schrift
Paolo Pasolini sind zugleich Gesprächspartner u
Arbeiten. Ihr imaginärer Dialog bzw. der Dialog
zentrale Fragen der Kultur und Politik wie jen
tionalität und Irrationalität im Leben des Indi
Frage nach Distanz und Nähe von Hoch- und
ihrer Darstellbarkeit, oder die Frage nach der
rerischer Erzählung. In der Auseinandersetzu
ferner eine gesellschaftliche und politische
versucht, deren Geschäft der Kritik zwischen
Institutionen im Sande zu verlaufen droht.
Rezeption Gramscis in Österreich untersud
Strängen verlief, doch beide Male der Erne
zunächst der KPÖ, dann der SPÖ – dienen

VERLAG FÜR GESEL
A-1070 Wien, Kaiserstraße 91/2

PIER PAOLO PASOLINI

Das Herz der Vernunft
Gedichte, Geschichten, Polemiken, Bilder
»Diese Auswahl wirft Schlaglichter auf ein Gesamtwerk, das
umfangreich und nicht leicht konsumierbar ist.«   Basler Zeitung
Herausgegeben von Burkhart Kroeber   WAT 134.   224 Seiten, DM 15.–

Amado mio
Zwei Romane über die Freundschaft
»Diese beiden kurzen Romane handeln von der Liebe und Leidenschaft
zwischen Männern, auch wenn die Homosexualität nicht den Kern des
Erzählens bildet.«   Incontri
Quartheft 130.   208 Seiten, DM 19.80

Barbarische Erinnerungen
La Divina Mimesis
»Bruchstück einer Abrechnung und seiner Sehnsucht – große Poesie
verbunden mit analytischer Schärfe.«   Österreichischer Rundfunk
Quartheft 120.   112 Seiten, mit Abbildungen, DM 16.80

Unter freiem Himmel
Ausgewählte Gedichte
»Nirgendwo sonst spricht Pasolini so subjektiv wie in seinen Gedichten.
Seine Autobiographie liegt in ihnen ausgebreitet.« Süddeutsche Zeitung
Quartheft 112.   160 Seiten, DM 19.80

Freibeuterschriften
Die Zerstörung des Einzelnen durch die Konsumgesellschaft
»Pasolini ist ein Radikaler, der jeden Radikalenerlaß sprengt, er gibt
Anstöße und er stößt an die Grenzen unserer angeblich so
aufgeklärten Toleranz.«   Der Spiegel
Quartheft.   144 Seiten, DM 19.80

Verlag Klaus Wagenbach   Berlin

Kulturjahrbuch 6

ISBN 3-900351-72-4, 15 x 22 cm
150 Seiten, öS 172,—/DM 25,—

Gramsci, Pasolini.
Ein imaginärer Dialog

Das Kulturjahrbuch 6 enthält eine Reihe von Essays, die sich an zwei italieni-
schen Intellektuellen unseres Jahrhunderts inspirieren. Der Philosoph und
Revolutionär Antonio Gramsci und der Schriftsteller und Filmregisseur Pier
Paolo Pasolini sind zugleich Gesprächspartner und Diskussionspunkt in diesen
Arbeiten. Ihr imaginärer Dialog bzw. der Dialog der Autoren mit ihnen betrifft
zentrale Fragen der Kultur und Politik wie jene nach dem Verhältnis von Ra-
tionalität und Irrationalität im Leben des Individuums und des Kollektivs, die
Frage nach Distanz und Nähe von Hoch- und Massenkultur, von Realität und
ihrer Darstellbarkeit, oder die Frage nach der Funktion des Mythos als aufklä-
rerischer Erzählung. In der Auseinandersetzung mit Gramsci und Pasolini wird
ferner eine gesellschaftliche und politische Ortung moderner Intellektueller
versucht, deren Geschäft der Kritik zwischen den Grenzen oder außerhalb der
Institutionen im Sande zu verlaufen droht. Als letzter Problemkreis wird die
Rezeption Gramscis in Österreich untersucht, die in zwei unterschiedlichen
Strängen verlief, doch beide Male der Erneuerung versteinerter Positionen —
zunächst der KPÖ, dann der SPÖ — dienen sollte.

VERLAG FÜR GESELLSCHAFTSKRITIK
A-1070 Wien, Kaiserstraße 91/2/24   Tel. 0222/96 35 82